eビジネス

週刊東洋経済

民法&労働法大改正

週刊東洋経済 eビジネス新書　No.348

民法&労働法　大改正

本書は、東洋経済新報社刊『週刊東洋経済』２０２０年4月4日号より抜粋、加筆修正のうえ制作しています。情報は底本編集当時のものです。（標準読了時間　９０分）

民法&労働法　大改正　目次

ビジネスと生活を変えるポイントはここだ！

民法の契約に関するルール、「債権法」を大幅に見直した改正法が2020年4月1日から施行された。120年以上前の1896（明治29）年に制定されて以来、ほとんど見直しが行われなかったのが、この債権法だ。

契約のルールはこの120年間、専門家の解釈や判例の蓄積により補われてきた。そのため、そもそもの法律の条文を見てもわかりづらく、ビジネスの現実には適用しづらいものになっていた。大幅な法改正によって、これまでの解釈や判例によるルールを明確化したのである。

それでは、実際には何が変わるのだろうか。

例えば「定型約款」の新設である。多くの事業者はあらかじめ詳細な契約条項を約款として定めている。この約款に基づいて、顧客と契約を結ぶわけだ。しかし、従来の民法には約款を用いた取引に関するルールは何も定められていない。仕事の現場では顧客が約款の存在や内容を十分に認識せず、両者の間でトラブルになるケースが後を絶たなかった。

今回の改正法では、不特定多数の相手（顧客）と画一的な取引を行う際の約款を定型約款として定めた。内容の開示や不当条項などに関するルールも定められており、事業者にとっては細心の注意が必要となる。

責任追及の手段が多様に

改正民法では「瑕疵（かし）担保責任」という表現が消えた。従来の民法では、売買の目的物に「隠れた瑕疵」がある場合の売り主の責任を瑕疵担保責任として規定していたが、改正民法ではそれが「**契約不適合**」があった場合の売り主の責任に変わった。

この概念の変更で大きな影響を受けるのが、不動産ビジネスだ。売り主は、仮に買い主に落ち度があっても、契約に適合しない物件を引き渡したときは、契約不適合の責任を負うことになる。売り主への責任追及の手段も多様になった。

改正民法には、金融や保険ビジネスに影響を与える法定利率の変更、産業全般に関わる消滅時効の統一など、そのほかにも重要な改正点がいくつかある。ビジネスパーソンなら知っておきたいポイントを徹底解説する。

そのほか、同じ民法において、国民的な関心を集める改正相続法のほか、企業活動や私たちの日々の働き方に直結する労働法についても、法律の専門家に詳しく解説してもらう。

【売買】柔軟な解決策が可能に

涼風法律事務所　弁護士・熊谷則一

改正民法では「瑕疵担保責任」という表現がなくなる。従来の民法では、売買の目的物に「隠れた瑕疵」がある場合の、売り主の責任（瑕疵担保責任）が規定されている。改正後は売買の目的物が種類、品質または数量に関して契約の内容に適合しない「**契約不適合**」があった場合の売り主の責任が規定される。

【Q1】「瑕疵」、「瑕疵担保責任」の語は何を意味する?

従来の民法では、瑕疵担保責任という表現はあるが、「瑕疵とは何なのか」は明記されていない。瑕疵の定義そのものがない。それではこれは具体的には何のことかというと、「売買の目的物が通常有すべき性質・性能を備えていないこと」が瑕疵である。これが法律家の間で共通の理解になっている。

中古車を例にとってみよう。新車ではないが、中古車も「走る」という性能を備えていなければいけない。しかし、何かの不具合があってうまく走らない場合、「通常有すべき性質・性能を備えていない」ということになる。この場合、売り主に瑕疵がある。瑕疵担保責任を負うことになる。

居住用の建物を例にもう少し話を進めてみよう。建物を売買するに当たって「雨漏りしない」という性質を備えていることが、売り主と買い主の共通の認識である。だから、もし雨漏りがあれば、「通常有すべき性質・性能を備えていない」と考えられ、売り主は責任を負うことになる。

もっとも、「通常有すべき性質・性能」は自然に決定されるのではなく、契約当事者の合意によって決定されるものだ。

当事者間で通常有すべき性質・性能の明示的な合意があれば、その合意から外れたものが瑕疵となる。ただそれだけではなく、実際の生活やビジネスにおいては、「契約の趣旨」「社会通念」といった黙示的な合意も含めての合意がある。そこから外れたものも瑕疵となる。

だが、「瑕疵」という表現では、そこまで読み取ることは難しい。

【Q2】改正民法ではそこがはっきりするのか？

「当事者の明示的な合意と黙示的な合意」というのは、「契約の内容」のことであり、改正民法では、瑕疵という表現をやめた。端的に、「売買契約の内容に適合しないもの」を売り主が引き渡してしまったら、売り主が責任を取る、すなわち「契約不適合責任」という表現に変わった。

このように、従来の瑕疵の考え方を「売買契約の内容に適合しないもの」という表現に変えただけなので、例えば、改正前の民法では瑕疵に該当しなかったものが、改正後に突然、契約不適合に該当するようになることはない。

ただし瑕疵担保責任は、条文上、単なる「瑕疵」のことではなく、「隠れた瑕疵」に関する責任とされる。明らかな瑕疵の場合、買い主はその瑕疵を前提に売買代金を考えているはずなので、瑕疵があっても、売り主に責任を負わせる必要がないという考え方である。

他方、改正民法での契約不適合責任では、「隠れた契約不適合」という表現は使われていない。売り主の責任は、契約の内容に適合しているか否かで判断される。

例えば、浴室が朽ち果てた旅館を売買したとしよう。旅館といえば、浴室は当然備えているべきものだ。【Q1】のところで述べたように、通常有すべき性質・性能を備えていないことになるので、この旅館の売買には瑕疵がある。

ところが、旅館ほどのものの売買なら、買い主は当然、現地を視察しなければならず、朽ち果てた浴室に気づくはずである。

気づかなかったという過失が買い主にある場合、この瑕疵は、「隠れた瑕疵」には該当しないので、売り主の瑕疵担保責任は認められないであろう。

しかし、改正民法の契約不適合責任の場合は、売り主と買い主は、旅館の売買である以上、「浴室は当然備えている」という品質についての合意があると考えられる。契約の内容に適合しない以上、売り主は契約不適合責任を負うことになる。

ただ、契約不適合責任として買い主が売り主に損害賠償を請求した場合、損害賠償は認められたうえで、過失の割合に応じて過失相殺の対象になる、というのが改正法の考え方となろう。

「隠れた瑕疵」に該当するかしないかという、オール・オア・ナッシングの考え方だと、裁判所もどちらかに寄せるしかなくなるが、改正法では「買い主の落ち度はこれくらい、売り主の落ち度はこれくらい」と柔軟な解決策が出せることになる。

【Q3】契約不適合の場合、責任追及はどうなる?

従来の民法では、売り主への責任追及については、契約の解除、損害賠償請求の2本立てである。

だが契約不適合責任は、「契約の内容に適合しない場合の責任」、つまり債務不履行責任であるということが明確にされ、責任追及においては、「**履行の追完（ついかん）請求**」「**代金減額請求**」「**損害賠償請求**」「**契約の解除**」の4つが法律上可能となる。「責任追及の多様化」である。

■ 買った家に不具合があった場合

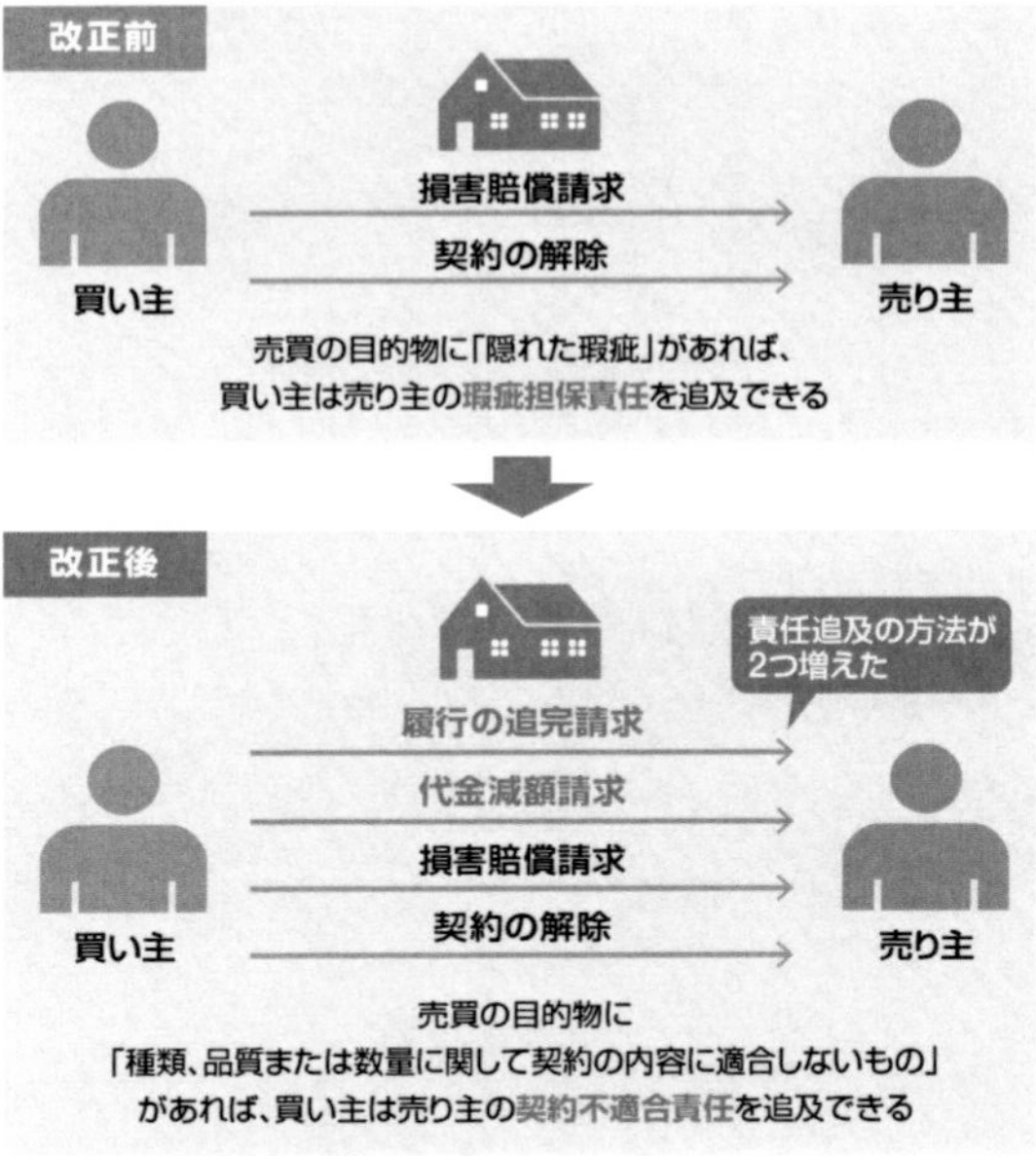

（出所）筆者資料を基に東洋経済作成

追完請求とは、契約不適合は債務不履行であるため、約束どおりに履行してくれと請求することである。目的物の補修や、代替物の引き渡し、不足分の引き渡しについての請求を指している。

さらに、契約不適合責任では、「契約に適合するものを渡してくれ」という請求に応じてもらえない場合、「代金を減額してくれ」というような代金減額請求が可能になる。

従来の民法では、「契約の目的を達成できない場合に限り」、契約の解除ができる。瑕疵があっても、契約の目的を達成できる場合は、損害賠償請求しかできない。だが今後は、「債務不履行一般と同じ要件で」契約の解除ができるようになる。

その結果、契約の目的を達成できない、とはいえないような契約不適合である場合でも、一定期間までに履行するよう請求し、それが履行されなかったときは契約の解除が認められる。従来よりも、解除できるケースが増えることになる。

例えば、暴力団事務所がそばにあることを知らされずに建物を買った場合、裁判所は、隠れた瑕疵があり、建物の価値に影響があるとして、買い主からの損害賠償請求を認めることがある。

だが、事務所があっても、住む、商売するという契約の目的は達成できるので、瑕疵担保責任においては、通常は契約の解除が認められない。

改正民法では、「暴力団事務所がそばにある」ことが契約内容に適合しないとなれば、買い主は、「近くに事務所のない物件を渡してくれ」と、履行の追完請求を行うことができるかもしれない。売り主がこれに応じられない場合、契約を解除できるようになる可能性がある。

【Q4】損害賠償請求では実際に何が変わる？

従来の瑕疵担保責任の場合、売り主に故意・過失がない場合でも損害賠償責任が発生する。しかし、改正後の契約不適合による損害賠償責任のケースでは、売り主にまったく責任がない場合、売り主は損害賠償責任を負わないという点で、売り主に有利に働くといえるかもしれない。

他方、売買の目的物である建物に不具合があって、雨漏りがするという場合、改正後は、建物の損害分だけでなく、契約不適合と相当な因果関係にある損害、例えば、雨漏りで水浸しになり壊れてしまった家電製品についての損害賠償請求が認められることになるかもしれない。この点で、改正後は売り主の責任は逆に重くなる可能性がある。

〔ポイント〕

①売り主が責任を負う契約不適合責任に

②従来より柔軟な解決策が打ち出せる

③売り主への責任追及の方法が4つになった

熊谷則一（くまがい・のりかず）

1964年生まれ。旧建設省勤務を経て、94年弁護士登録。2007年涼風法律事務所設立。『3時間でわかる！ 図解 民法改正』など著書多数。

免責特約はどうなる?

今回の民法改正で、瑕疵担保責任から契約不適合責任へ変わるが、改正後も変わらない重要な点がある。売り主が責任を負わない旨の特約「**免責特約**」がその1つである。

従来の民法の瑕疵担保責任では、例えば土地・建物の売買契約において、売り主の瑕疵担保責任の期間を引き渡し後3カ月に限定する、という特約を定めることがある。売り主の負担を軽くするためである。改正後の契約不適合責任でも同様に、契約不適合責任の全部、または一部を免責する特約を定めることができる。

しかし例えば、大雨のときに雨漏りする建物であることを知っていながら、その事実を告げない売り主が責任を免れるのはおかしい。それゆえ、瑕疵担保責任の免責規定は、売り主が知っていながら買い主に告げなかった瑕疵には及ばないことになっている。

これは改正後も同じで、契約不適合責任について免責する特約があっても、売り主が知りながら告げなかった契約不適合には免責規定は及ばず、売り主は責任を負う。

改正民法においても、紛争を防ぐためには必要な告知を行うことが大事である。

【定型約款】ユーザーの認識が焦点に

元弁護士　ライター・福谷陽子

改正民法では、「**定型約款**」という制度が新設される。定型約款とは、不特定多数の相手（顧客）と画一的な取引を行う際に適用される約束事である。

これまで保険契約やインターネットサイト利用契約など、多くの契約において一定の定型的な約款が適用され、ユーザーはそれに同意したものとして取り扱われてきた。しかし、それでは約款内容を必ずしもきちんと確認していないユーザーが不利益を受ける可能性がある。かといって、定型的な約款にまですべてユーザーの個別的な同意を要求するのは不合理で利便性を損なってしまう。

そこで、改正民法では定型的な約款についてはユーザーが個別に同意しなくても同意があるものと見なせることにした。ただ、定型約款に該当しないものについては、従来のとおりユーザーによる個別の同意を必要とする。

定型約款の主な要件は以下のとおりだ。

①顧客・ユーザーが不特定多数でなければならず、特定の対象者との契約には定型約款が適用されない。

②契約目的は画一的で、個別具体的な交渉などを要しないものでなければならない。

③定型約款は業者があらかじめ用意しておかねばならず、契約時に新たに作成するものは定型約款にならない。

具体的に定型約款に該当するものは、預金規定、消費者ローン契約書、保険約款、宅配便運送約款、旅行業約款などである。逆に該当しないものは、事業者間の契約書雛型や民間建設工事標準請負契約約款などである。

「フランチャイズ契約」「賃貸借契約」のように、いまだ議論が蓄積されていないものもある。今後の裁判例などの蓄積によって取り扱いが決まる見込みだ。定型約款としての取り扱いが決定されるまでは、定型約款規定が適用されないとの前提で対応しておくことが必要である。

■定型約款になるもの、ならないもの

契約書の種類	定型約款になるかどうか	契約の性質
金融機関の預金規定、投資信託の約款	○	画一的であり、ユーザーにとっても個別の同意を要しないほうが便利
インターネットの利用規約	○	
保険約款	○	
労働契約書	×	個別のケースごとに交渉が必要。条件も画一的でなく、個別に設定が必要
事業者間の契約	×	
フランチャイズ契約	△	●今後の議論の蓄積が待たれる ●画一的な要素はあるが契約条件が必ずしも一律とは限らない ●フランチャイジー審査の実態や方法も影響する
賃貸借契約	△	●今後の議論の蓄積が待たれる ●画一的な要素はあるが個別の交渉や条件設定が必要なケースも考えられる

定型約款の注意点

定型約款が適用されうる取引であっても、ケースによっては無効となる可能性がある。例えば、ユーザーが定型約款の存在を認識していない場合、定型約款は有効にならない。「契約時に当事者双方が定型約款を契約内容とすることに同意する」か「契約前に定型約款がユーザーへ表示されている」必要がある。

定型約款内に、ユーザーの権利を不当に制限したり、義務を課したりするような「不意打ち条項」が含まれていると、その条項は無効になるだろう。

今後、業者はユーザーに対して定型約款の開示義務を負うことになる。ユーザーが定型約款の内容を確認するために開示を求めた場合、業者は書面やｅメールなどの方法で定型約款を開示しなければならない。

〔ポイント〕

①不特定多数と画一的な取引を行う際の約束事

②賃貸借契約のように決定していないものも
③定型約款のケースで無効になることも

福谷陽子（ふくたに・ようこ）

京都大学法学部卒業。１０年間の弁護士としての経験を生かし、各法律分野において執筆を行う。会社経営や借金問題、交通事故などさまざまな案件を経験。

【売買・請負】案件の実情に応じ契約を

ＫＯＷＡ法律事務所　弁護士・池田　聡

民法改正による影響を大きく受けるのかどうか注目されているのが、ＩＴ業界だ。ポイントは瑕疵担保責任が契約不適合責任に変更になることに伴う**「期間制限の起算点」**の変更にある。

実際にどう変わる可能性があるのだろうか。ＩＴ業界における請負契約のケースで見てみよう。

システム開発契約において、改正前の瑕疵担保責任の考え方では、売買の買い主が「瑕疵の事実を知った時」から1年以内に請求し、請負の場合は目的物の「引渡し」から1年以内に請求しなければならなかった。

契約不適合責任では、売買・請負とも、不適合を知ったときから1年以内に相手方に通知をすることが要件となった。売買と請負で期間制限を異にする理由はないというのが改正理由である。

■ 1年の壁がなくなる

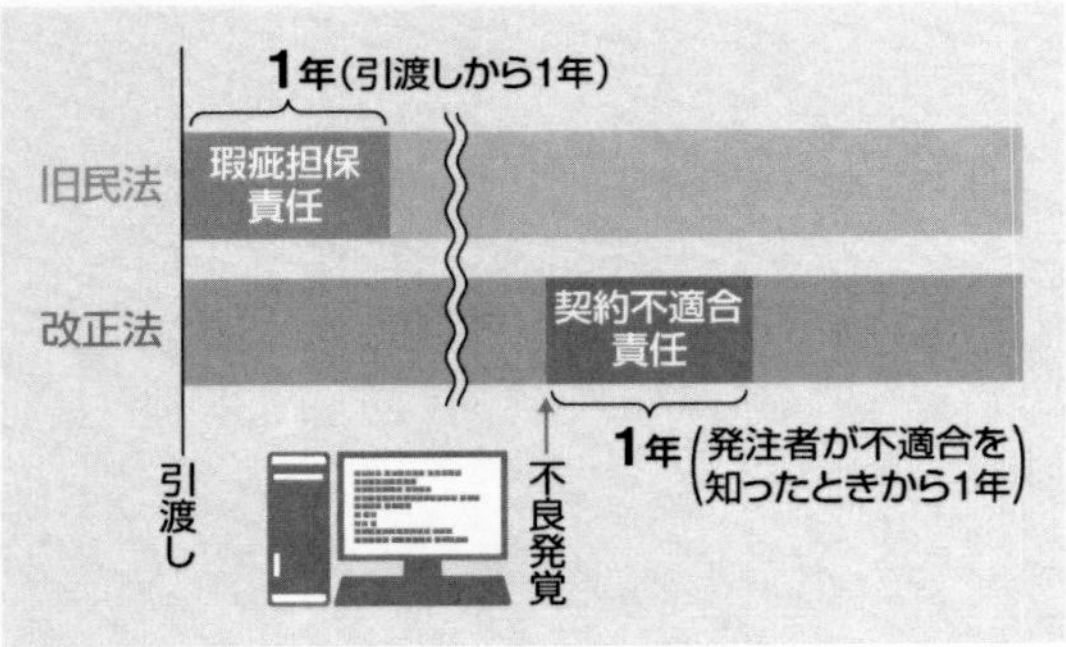
1年（引渡しから1年）
旧民法
瑕疵担保責任
改正法
契約不適合責任
1年（発注者が不適合を知ったときから1年）
引渡し
不良発覚

ベンダーの責任が増す?

どちらも「1年」であるが、起算点が「引渡し」と「不適合を知った時」では、大きく異なる。

システムのリリース後、数年してから開発段階における潜在不良が発覚するのはよくあることだ。改正前の民法に従えば、瑕疵担保責任の対象にはならなかったが、改正法に従えば、契約不適合責任の対象となる。改正法をそのまま適用すると、ベンダーが責任を負う期間は長くなってしまうのだ。

しかし注意したいのは、瑕疵担保責任・契約不適合責任の規定は任意規定であることだ。民法をはじめとする私法は、「**任意規定**」と「**強行規定**」に分かれる。任意規定とは、民法の規定と異なる契約をした場合、法律よりも契約が優先される規定である。強行規定とは、それに反する契約は無効となる規定である。この点、民法の規定は私的自治の原則から導かれる契約自由の原則により、原則は任意規定である。

任意規定は契約の定めがない場合に適用される規定である。法務体制が整っているベンダーが契約する場合、瑕疵担保責任・契約不適合責任の行使期間について契約書で定めている。したがって、法改正により、いきなりこの責任期間が長くなるということは実務上は限られてくる。

例えば、改正民法の契約不適合責任の規定に従って、ユーザーが「不適合を知ったときから1年以内に通知すれば権利行使できるようにしてくれ」とベンダーに言ったとする。

だが、力のあるベンダーであれば、「それは受け入れられない。仮に受け入れるのであれば値上げさせてもらう」と主張するだろう。値上げは困るので、結局、法改正後も、現行どおりに引き渡しから1年を制限期間とする契約が主流を成すと思われる。

ところで、システム開発の契約書には公的なバイブルがある。経済産業省が作っている「情報システム・モデル取引・契約書」である。2019年12月にこのモデル取引・契約書の民法改正版が公表された。それによると、契約書の契約不適合責任の権利行使期間は、現行の瑕疵担保責任の契約条項を引き継ぐものではないが、一方で改正法と同一でもない。

「システム」と一口にいっても、開発の目的や想定される寿命、開発環境、保守契約をどうするかなど、事情はさまざまである。したがって、それら諸要素を考慮し、妥当な期間とすべき、とある。

まさにそのとおりである。このモデル契約書の考え方がどこまで実務に浸透するかは不透明であるが、これに従えば、今までのように金太郎あめ式に「引渡し（検収合格）から1年」とする期間制限では契約相手が納得せず、発注者と受注者とで契約ごとにひざをつき合わせ期間制限について議論していくことになる。

案件の実情に合わせる

私見だが、現状の契約現場にそこまでの態勢はなく、新年度からすぐに契約不適合責任の期間制限についてハードな議論に時間を費やすケースはまれだろう。しかし、モデル取引・契約書の民法改正版の考え方は正論であり、時間の経過とともに、それに沿った方向に向かっていくことが予想される。

ＩＴを取り巻く顧客ニーズも技術も激しく動いており、その流れはますます加速していくだろう。請負契約の典型例として、ＩＴ業界のシステム開発と建設業界が挙げられるが、その意味では両者の事情はやや違うため、同じ土俵で考えるべきではない。ＩＴ業界での契約不適合責任の行使期間については、そのつど製作されるシステムの実情に合わせて、契約書の規定を考えていく、という動きを後押しすることになろう。

ここまでは請負契約を前提にした話だが、システム開発契約は請負契約ではなく、準委任契約で行う場合もある。

請負契約の場合は仕事の完成と代金が対価関係に立つが、準委任契約の場合、作業に要した人月に対し代金が支払われる場合が多い。それに対して、改正法では、委任契約であるが、成果物の引き渡しと同時に代金を支払うという、成果報酬型の委任契約が定められた（６４８条の２）。

今後、この成果報酬型の委任契約がＩＴ業界で増えるという意見もある。しかし、成果報酬型の準委任契約については、これまで禁じられていたものが新たに認められたわけではない。契約自由の原則上、こうした契約は可能であった。法改正で契約形態に目が向きやすくなっただけである。

ベンダーとして注意しなければいけないのは、要件定義のようにユーザーの協力が必要な作業を成果報酬型の準委任契約で受注するときである。この場合はユーザーの協力を得られない結果、代金を請求できなくなるリスクがある。

さらに、改正法では請負契約が途中で解除となったとき、注文者は結果が可分な場合はそれによる利益に応じて報酬を支払わなければならないという規定が追加された。これも従前の判例理論を法文化したものなので、ルールが変わったわけではない。

しかし、今までこのルールを知らなかったIT関係者も多いはずである。それはこのルールが建築請負に関する判例で形成されたためである。システム開発の世界にこうしたルールを持ち込むことが妥当なのかどうか。開発が途中で頓挫した場合、注文者が受けた利益をどうやって算定するのだろうか。いくつか疑問が出てくる。

開発が途中で頓挫したとき、利益の額でもめることを避けるためには、当初の契約で、開発フェーズごとにいくらと規定しておくことが必要であろう。モデル取引・契約書の民法改正版でもそれを推奨している。今後はそのような契約が増えていくものと思われる。
　最後に定型約款についても説明しておく。ＩＴ業界においては、ソフトウェアの使用許諾契約書がその対象となりうる。しかし、定型約款といえるかは「不特定多数」の要件を満たすかによる。ＢｔｏＢを対象とした使用許諾約款の場合は、定型約款に当たらない場合もあるので、注意が必要である。

〔ポイント〕
①起算点は発注者が不適合を知ったとき
②契約では現行どおり引き渡し後１年が主流
③経産省のモデル契約書に沿った動きも

池田　聡（いけだ・さとし）
早稲田大学卒業。みずほ銀行（旧日本興業銀行）のＩＴ部門ほか、支店長も務めるなど通算２４年勤務。その後、弁護士に転身。法律事務所勤務後、現事務所を開設し独立。

【時効】短期消滅時効の廃止で得する業種も

改正民法では「短期消滅時効」という制度が廃止される。これによって、ビジネスにはどのような影響が出るのだろうか。弁護士に疑問をぶつけます！

——短期消滅時効？　聞いたことあるような、ないような……。先生、教えてください。

はいはい。短期消滅時効制度だね。一定の債権について通常より短い時効期間を定める制度だ。従来の民法では原則的な債権の時効期間を「10年」としているけど、それよりも短期の時効が適用されている業種もあるんだ。

例えば……ざっと挙げてみようか。1年だと大工さんや演芸人の報酬、運送費、旅館・飲食店・娯楽場の宿泊料や飲食料、貸衣装など。2年の短期消滅時効は、弁護士・

公証人の報酬、卸売商人……、学芸や技能教育者の教育費用なんてものもある。3年の短期消滅時効は医師や助産師、薬剤師の債権などだね。

――仕事や債権の種類によって細かく分類されているんですね。

そうなんだ。それぞれ1～3年の短い期間で債権が消滅する制度が短期消滅時効制度。ホテルや飲食店の場合は、不払いが発生しても1年以内に回収しなければ請求が難しくなっていたんだ。改正民法で、短期消滅時効が廃止されて、原則的に時効期間が「債権者が請求できることを知ってから5年」に統一される。

そして、請求できることを知らなければ、原則的に債権を請求できるようになった時点から10年間は請求可能だ。医師や弁護士の報酬などの債権も短かったが、今後は発生から5年間請求できる。

また従来の民法では「債権の時効期間が原則10年」とされていたが、改正民法の施行後は原則的な債権の時効期間が「5年」に短縮される。例えば、個人間の貸金の場合、従来は10年以内に回収すればよかったところ、今後は5年以内に回収しないと請求できなくなってしまう。

■ 職業別の短期消滅時効が廃止される

改正前
「債権の種類ごとに時効期間が決まっていた」

主な債権	時効期間
飲食店、ホテル、運送業など	1年
弁護士、公証人、卸売商人、教育に関する債権	2年
医師、助産師、薬剤師、不法行為に基づく損害賠償請求権など	3年

↓

改正後
「債権の種類ごとの時効期間を撤廃。原則的にすべて同じ扱い」

- 債権者が債権を行使できると知ったときから5年。ただし生命・身体を害するもの以外の不法行為（交通事故の物損事故など）は3年
- 客観的に権利行使が可能になったときから10年

——では、そもそも短期消滅時効が廃止される理由は何ですか?

廃止されるのは、債権ごとに時効期間を分けることが「不合理」になったからなんだ。従前の制度ではホテルや飲食店のほか、小売業や演芸人、弁護士などの債権の時効期間がとくに短く、債権によって時効期間も分かれている。

弁護士の債権には短期消滅時効制度が適用されるのだが、司法書士の債権には適用されない、といった不具合も発生していて……。

なぜ飲食店が1年、弁護士報酬が2年、医師報酬が3年なのか? 日常的に頻繁に取引されるものに、短期消滅時効が適用されていたわけだが、細かい年数の違いは私もうまく説明できない。一般の人が時効制度を把握するのは本当に難しいと思うよ。そこで改正民法ではわかりやすく「基本的にすべての債権の時効期間は5年」と統一したんだ。

——私もちょっと予習しました。商法にも短期消滅時効制度があるんですよね。それはどうなりますか?

民法改正に合わせて、商法における短期消滅時効も廃止される。これまで民法では原則的な時効期間を「10年」とする一方、商取引などの商事債権については「5年」の短期消滅時効期間を定めていたんだ。民法改正によってすべての債権の時効期間を5年に統一するので、商法の短期消滅時効制度を維持する必要もなくなる。よって、2020年4月からは商法の短期消滅時効制度もなくなる。

――それなら、4月からはついに全部統一、ということですね。

改正民法が施行されたのは2020年4月1日。1日以降に発生した債権に「5年に統一された消滅時効制度」が適用される。しかし、注意しなければならないことが1つ。「20年4月以降に『請求する』債権に改正民法が適用されるわけではない」ことだ。

20年4月以降に「発生した」債権に改正民法が適用されるので、それ以前に発生した債権については20年4月以降に請求する場合でも改正前の民法の短期消滅時効が適用される。

もう少し詳しく話そう。例えば、2019年12月31日付で、ホテルの宿泊客が宿泊料金を払ってくれなかった場合。債権が発生したのは20年4月1日より前なので、20年4月1日以降に請求するとしても「1年の短期消滅時効」が適用される。ホテル側は20年12月31日までに回収しないと、支払いを請求できなくなってしまうんだ。

一方で、例えば20年4月3日の客が宿泊料金を払ってくれなかった場合はどうだろう。5年の時効期間が適用されるので25年4月3日まで請求が可能となる。

――なるほど、そういうことですか。この際、短期消滅時効廃止によるメリットとデメリットをまとめてもらえますか。

時効期間が延びて回収しやすくなる人たちが増えるよね。これまで1〜3年の短期消滅時効が適用されていた業種については、今後は5年間報酬などを請求できるようになるから、急いで回収しなくても権利を維持できるのはメリットだ。

短期消滅時効制度では、債権の種類によって時効期間が細かく決められていて、時効期間がどのくらいになるのか、一般の人には把握しにくかった。短期消滅時効が廃止され、「原則5年」になれば、法律の知識のない人にもわかりやすくなる。

それでは、デメリットも挙げてみよう。実は改正民法で短期消滅時効がなくなり、「原則5年」に統一されると、かえって時効期間が短縮される債権があるんだ。それは「個人が個人に貸し付ける金銭」などだ。

従来の民法では、債権の原則的な時効期間は10年とされていた。そのため、個人間の借金などには10年の時効期間が認められた。しかし今後は「原則5年」に統一されるので、個人間の貸付金であっても5年以内に回収しなければならなくなる。

――確かに頭に入れておいたほうがいいですね。ほかに注意点は?

短期消滅時効が廃止されて、債権の時効期間が「原則5年」に統一されても、こういうものには例外もあるわけ。時効期間が5年にならない債権もあるんだ。

例えば「物に対する不法行為に基づく損害賠償請求権」の時効期間は、改正民法施行後も3年だ。改正民法において「人の身体や生命に対する不法行為」については5年の時効期間が適用されるが、「物に対する不法行為」については3年であり、異なることを知っておこう。

交通事故の「物損事故」では、2０年4月1日以降も事故発生後3年以内に損害賠償請求をしないと賠償金を払ってもらえない可能性があるよ。

裁判で判決を得た債権については、改正民法施行後も時効期間は「1０年」だ。例えば、誰かにお金を貸して返してもらえないので訴訟を起こし、判決で支払い命令が出たとする。その場合、判決が確定してから1０年以内であれば支払いを受けられる。貸付金債権のもともとの時効期間は5年だが、裁判で確定判決が出ると時効期間が1０年に延長されるんだ。この取り扱いについては改正前の民法から変わらない点だね。

改正民法によって短期消滅時効制度が廃止されると、従来よりも長い時効期間が認められるので、「すぐに請求しなくても大丈夫」と思いがちだが、思い込みは危険だから注意したい。

債権というのは、時間が経つと回収しにくくなるものだと肝に銘じておくこと。長期間が経過すると証拠が失われるし、相手が逃げたり行方不明になったりするおそれもある。例えば新型コロナの影響などで取引先が倒産するケースもあるかもしれない。だから結局は、債権は発生したら、時効期間に関係なく早めに回収することが重要なんだ。不良債権化の心配があるなら、なおさらだよね。

――覚えておきます！　ところで、やむをえない事情で、時効を止める方法はあるのでしょうか。

改正前の民法においても改正民法においても、時効までに債権を回収できない場合、時効を止める方法が認められている。従来の民法では時効を止めることを「中断」「停止」というが、改正民法では「**時効の更新**」「**完成猶予**」としている。

裁判で請求をしたり、相手に債務を認めさせたりすると、時効を「中断（更新）」して時効期間を当初に巻き戻すことができる（裁判の場合には時効期間が10年に延びる）。内容証明郵便で請求すると時効が「停止（完成猶予）」となって、時効期間を6カ月間延ばせる。改正民法では当事者の協議によって時効成立を先延ばしできる制度も導入されているよ。

〔ポイント〕

①飲食店や弁護士なども含めて時効期間5年に

②商法の短期消滅時効も廃止される

③20年4月1日以降に「発生した」債権から適用

（構成：元弁護士　ライター・福谷陽子）

COLUMN

賃金債権の消滅時効は当面「3年」へ延長

民法改正に伴って、賃金や残業代などの賃金債権の時効期間が2年から3年へと延びることになる。

賃金債権の時効期間は「労働基準法」に定められており、「2年」とされている。民法における賃金債権の時効期間は1年だが、それでは労働者を保護するにはあまりに短すぎるため、労働基準法によって2年に延長された経緯がある。

ところが今回民法が改正され、賃金債権の時効も含め、債権の原則的な時効期間が「5年」に延長されるため、労働基準法は労働者を保護するための法律であるはずなのに、民法の原則よりも賃金債権の時効期間が短くなってしまう「矛盾」が生じることになる。

これまでの議論で、労働者側からは「民法に合わせて労働基準法を改正し、賃金債権の時効期間を5年とすべきだ」との意見が出たが、経済界は「いきなり5年に延長すると影響が大きすぎるから据え置くべきだ」とそれに反対していた。

これらの議論を調整した結果、当面は賃金債権の時効期間を「3年」とする折衷案となった。**20年4月から賃金債権の時効期間は3年となる**。20年4月以降に発生した未払いの給料や残業代などは、3年間請求できる。ただし「3年」は当面様子を見るための措置なので、今後、再度見直しが行われる予定だ。

〔民法〕当面は3％に

【法定利率】事故の損害賠償額に影響

契約の当事者間の約定がない場合に適用される利率が「**法定利率**」である。

改正前の法定利率（年間）は民事5％、商事6％である。ビジネスの世界では6％が適用され、個人間の取引などでは5％が適用されている。それが法改正で、民事、商事を問わず当面3％となり、以後、3年ごとに見直されるようになる。

一般の人たちは利率が5％、6％と聞くと、その高さに驚くかもしれないが、筆者が平成の初めに社会人になった頃は、相当に低いという印象だった。バブル時代などは定期預金の金利がそれよりも高かったからである。

時代とともに市中金利は変動する。それなのに法定利率が一定だと不都合が生じるため、3年ごとに見直す制度に改正された。当面の3％でも高い印象だが、これは預金の金利ではなく、融資の金利を基準としているからである。

遅延損害金は少なくなる

法定利率が適用されるのは、①利息を支払う合意はあるが、約定利率の定めがない場合の利息の算定、②約定利率の定めがない金銭債務の遅延損害金の算定、③逸失利益などの損害賠償の額を定める際の中間利息控除の3つが代表例である。

ビジネスに携わる人は法定利率と聞いて、まずは①を思い浮かべるかもしれないが、実は①で法定利率が適用される場合はあまり多くはない。通常、利息を支払う合意をする場合には、約定利率についても定めるからである。

遅延損害金は、民法第419条で原則的には法定利率、約定利率が法定利率より高い場合は約定利率によると定められている。具体的には、代金の支払いが遅れた場合、売り主は買い主に対して代金に加え、法定利率で計算した遅延損害金を請求することができる。

しかし、ビジネスにおいて遅延損害金まで請求することはあまりない。遅延損害金がいちばん活用されるのは訴訟である。訴訟で金銭の支払いを求めるとき、遅延損害金を請求しない弁護士はいない。遅延損害金の起算点は、債務不履行であれば請求時であるが、不法行為であれば行為時である。

例えば、交通事故の1年後に訴訟を提起して、その2年後に判決となった場合、従来は遅延損害金として15%相当(5% × 3年)の金員を支払わなければならなかった。それが改正後は9%相当(3% × 3年)となる。

法定利率が下がると遅延損害金は少なくなるが、一方で損害賠償額が増える要因にもなる。それが「**中間利息控除**」である。

中間利息控除について、少し説明しておきたい。これは将来において取得すべき利益についての損害賠償の額を定める場合、その利益を取得すべき時までの利息相当額を法定利率で求め、それを割り引く考え方である。

中間利息控除は、交通事故の損害賠償では以前から実務で定着していたが、今回の改正で立法化された。法定利率で割り引くので、5%から3%へ下がるとその影響は大きい。
　複利で計算すると、20年後の1000万円の収入について5%で中間利息控除を行うと約377万円にしかならない。しかし、3%で中間利息控除を行うと約554万円である。こうして、交通事故の損害賠償額は増えることになる。ということは、保険会社の負担が大きくなるのである。

〔ポイント〕
①法定利率は当面3%、3年ごとに見直し
②訴訟時の遅延損害金は改正前より少なくなる
③交通事故などでの損害賠償額は増える

（KOWA法律事務所　弁護士・池田　聡）

【保証（賃貸借）】保証の上限額設定が必須に

弁護士・塚本智康

住宅や事務所などを借りる、あるいは保有する住宅などを貸し出す際に結ぶ賃貸借契約。そのルールも見直されている。主な変更点は、「賃貸借契約から生じる債務の保証」「賃貸借継続中のルール」「賃貸借終了時のルール」の3つだ。

とくに1つ目の債務の保証については、不動産会社や賃貸物件オーナーの実務への影響が大きい。

まず個人の根保証契約について、「**極度額**（上限額）」を設けないと契約は無効になると定められた。例えばアパートを借りる際、親や友人などに連帯保証人になってもらうためには、家賃滞納やその利息、原状回復費用、自殺などによる損害賠償請求、その他の債務を総合して極度額を決め、書面に記載しておかないといけない。

根保証契約とは、将来発生する不特定の債務について保証する契約のことをいう。契約時点では主たる債務の金額がわからないため、保証人が想定外の債務を負うことになりかねない。今回極度額を設けたのは、個人の保証人を保護するのが狙いだ。法人の場合は定める必要がない。

保証に関して変更された点はほかにもある。借主が死亡したとき、その後に発生する主債務は保証の対象外となった。賃貸住宅に夫婦で住んでいた場合、従来は夫が死亡しても妻が住み続ける限り、保証契約は続くと想定されていた。改正後は夫の死亡時点で滞納家賃など債務の元本が確定し、それ以降に発生する債務は保証しなくてよい。また保証人が死亡した場合、その相続人がその後に発生する債務を保証する必要もない。

極度額の明記が必須となるのは、2020年4月1日以降に結ぶ契約からだ。それ以前のものについては、従来法が適用される。更新時に新たに契約書を交わさなければ従来法の適用になる。

借主が修繕可能に

2つ目の「賃貸借継続中のルール」の変更で知っておきたいのは、修繕に関する要件の見直しだ。

これまでは借りている物件で設備の故障が起こっても、どのような場合に借主が自分で修繕できるのか、規定がなかった。

改正後は、貸主に修繕が必要である旨を通知したか、貸主が修繕の必要性を知ったのに、相当期間内に実行しないときなどに、借主が自主的に修繕でき、その費用を貸主に請求できる。設備などが使えなくなった場合、借主の不注意や、管理方法、使用方法が悪いといった理由によるものでなければ、家賃が減額される（賃借物の一部滅失等による賃料の減額・解除）規定も設けられた。

3つ目の「賃貸借終了時のルール」では、敷金と原状回復の規定が新たに加わった。ただし、通常損耗や経年劣化による部分は借主の責任ではないというルールは、国土交通省のガイドラインで以前から明文化されている。貸主や管理会社の多くはこれに沿って契約書を作成しており、実務上の影響はほとんどない。

〔ポイント〕

①2020年4月1日以降に結んだ契約から適用される

②保証上限額はおおよそ賃料2～3年分が目安

③設備が故障した場合、借主も修繕可能に

■保証や敷金などのルールを規定 ―賃貸借関連の主な変更点―

	変更点	改正前	改正後
保証	極度額（保証の上限）の規定	不要	必要
	元本確定期日（保証期間）	制限なし	制限なし
	元本確定事由（特別事情による保証の終了）	とくになし	破産・死亡などの事情（主債務者の破産などは除く）があれば保証は打ち切り
賃貸借継続中のルール	修繕の規定	なし	賃借人が賃貸人に修繕が必要である旨を通知したか、賃貸人がその旨を知ったのに、賃貸人が相当の期間内に必要な修繕をしないとき、または急迫の事情があるときは、賃借人が修繕可能に
賃貸借終了時のルール	敷金の規定	なし	以下を明記 定義 賃料債務等を担保する目的で賃借人が賃貸人に交付する金銭で、名目を問わない 返還時期 賃貸借が終了して賃貸物の返還を受けたときなど 返還範囲 賃料等の未払い債務（未払い賃料など）を控除した残額
	原状回復の規定	なし	原則として賃借人は原状回復の義務を負うが、通常損耗（賃借物の通常の使用収益によって生じた損耗）や経年変化についてはその義務を負わない

（出所）法務省「民法（債権関係）の改正に関する説明資料」「パンフレット（賃貸借契約）」

ここからは、不動産賃貸の実務で想定される具体的な事例について、主に賃貸物件オーナーの質問に答える形で解説しよう。

【Q1】極度額はいくらにすればよいのか

賃貸借契約で想定される債務は、「家賃の滞納」「原状回復費用」「入居者の自殺による損害賠償請求」などだ。滞納家賃については、契約解除や提訴、退去に向けた強制執行に時間がかかるので、最低でも家賃の9カ月分は必要になる。借主が負担する原状回復費用は使い方が悪いと50万円以上かかることもあり、ゴミ屋敷なら撤去費用などを含めて200万円程度になることもある。自殺の損害賠償請求額は裁判所の判例だと賃料2年分が基準だ。

ただしこれらを合算して極度額を決めると巨額になり、保証人になる人はいなくなる。おおよそ賃料の2~3年分にしておくのが妥当だろう。

最近は自殺による家賃の減額などを補償する保険商品もあるが、保険料が高いのがネック。保証会社は免責対象だが、オプションでカバーするケースもある。リスクを抑えたいなら、これらの活用も検討したい。

【Q2】極度額は「賃料の3年分」といった書き方でも問題はないのか

極度額は「100万円」など具体的な金額でもいいし、「賃料3年分」といった表記でも構わない。ただし、共益費も加えた金額に設定するなら「賃料および共益費の3年分」としなければいけない。いずれにしろ、金額を特定できる形で定めることが重要だ。

国交省のホームページには賃貸借契約書の雛型「賃貸住宅標準契約書」が掲載されている。それもぜひ参考にしてほしい。

【Q3】極度額を設定した後に、気をつけるべきことは？

借主に家賃滞納があり、連帯保証人が債務を支払えば、その分だけ保証する債務の残高が減っていく。同じことが続くと、いつの間にか極度額に達し、それ以降は債務の保証が行われないので気をつけよう。家賃滞納は3カ月程度が契約解除や法的手続きに移行する目安なので、そこで退去してもらって、滞納家賃と原状回復費用を保証してもらうほうが総合的に見てよいケースもある。

【Q4】従来法の契約者に対し新法が適用されるようにするにはどうすればよい?

賃貸借契約の更新時に、極度額を定めた書類を用意して、保証人に署名・押印してもらおう。これにより新法が適用される。更新時に極度額が明記されていない契約書に署名・押印されると、保証契約は無効になるので注意しよう。

【Q5】借主や保証人が死亡した場合に備えて、どんな対策をしておくべきか

借主が死亡した場合、配偶者が同じ物件に住み続けていても保証人は不在になる。契約時に、配偶者が賃貸物件を相続したら改めて保証人を追加する文言を契約書に盛り込んでおこう。

保証人が死亡した場合の対策も同様だ。こうしたリスクを回避するために保証会社を利用するという手段もある。

【Q6】修繕の依頼があった場合、いつまでに修理が必要?

借主から修繕が必要である旨が通知された、あるいは貸主がその旨を知ったのに、相当期間内に修繕をしなかった場合、借主が修繕してその費用を請求される可能性がある。基本的には迅速な対応がベストだ。なお業者の手配などの時間は、相当期間内に含まれる。

【Q7】賃借物の一部滅失等による賃料の減額で、金額の目安はあるのか

日本賃貸住宅管理協会がガイドラインを定めている。それによると、例えばトイレが使えない場合の減額割合は20%。業者の手配などの時間があるので、免責日数が1日設けられている。

月額家賃が10万円で3日間使えなかった場合、「賃料10万円×賃料減額割合20%×(使用不可能日数3日-免責日数1日)÷30日≒1333円」となる。

【Q8】賃料減額には必ず応じないといけないのか

ポイントは、生活に支障が生じたかどうか。例えば、春や秋にエアコンが壊れて使えなくなったとしても、多用しないシーズンなので賃料の減額に応じる必要はない。

また借主から「3カ月前に壊れていた」と指摘された場合には、日数をさかのぼって減額する必要のあるケースが考えられる一方で、「それだけの間報告がなかったのは、生活に支障がないからだ」と見なすことができれば、減額に応じる必要のないケースということも考えられる。借主の立場でいえば、設備に故障や不具合が起こった場合、すぐに報告したほうがいい。

【Q9】退去時の原状回復で、トラブルを避けるにはどうすればよい?

前述したとおり、原状回復の規定ができたことについて実務上の影響はほとんどない。ただし、実務はあまり変わらなくても、借主の目が厳しくなるのは間違いない。国交省のガイドラインや改正後の条文は順守しよう。

また賃貸借契約を結ぶ際、ハウスクリーニングや鍵の交換、たばこのヤニやペットでの汚れによるクロスの張り替え・フローリングの修繕といった原状回復にかかる費用を明確にしておくことが望ましい。いわゆる「特約」を盛り込むことで、リスクを抑えられる。
その際、「全額請求」とするのは避けたほうが賢明だ。実際にかかる費用が見えないため、特約の合意があっても、貸主が裁判で負けるケースは多々ある。具体的な金額の事前提示がポイントだ。

【Q10】借主や保証人が注意しておくべきことは何か

契約書の内容を確認してから署名・押印すること。契約の前にできれば部屋の中を見て、設備の様子も確かめておきたい。仲介会社には重要事項の説明義務があるので、ヒアリングしたうえで契約することだ。

塚本智康（つかもと・ともやす）
1978年生まれ。2001年中央大学法学部卒業、08年中央大学法科大学院修了、09年ことぶき法律事務所入所。公益財団法人日本賃貸住宅管理協会の顧問弁護士も務める。

【保証（事業用融資）】債務者情報の提供義務化

弁護士・阿部栄一郎

保証に関する今回のルール変更は、賃貸借契約に限った話ではない。法人や個人事業主が事業用融資の際に求められる保証人についても、保護が強化されている。

事業用融資の保証で知っておくべき変更点は主に2つ。①公正証書による保証人の意思確認が必要となったこと（改正民法465条の6）、②保証人への情報提供が義務になったこと（改正民法458条の2、458条の3、465条の10）だ。

①については、事業用融資（融資の一部が事業用の場合も含む）の保証人が個人の場合、保証契約や根保証契約の締結日前の1カ月以内に、「保証意思宣明公正証書」を作成しなければならない（これ以降の「保証契約」の表記には、根保証契約も含む）。

保証意思宣明公正証書の作成の手続きは、原則として保証人になろうとする本人が公証役場に出向いて行う。代理人に依頼することはできない。保証意思宣明公正証書において、公証人が確認するおもな所定事項は、

◆保証契約の場合

・債権者および債務者
・元本
・利息、違約金、損害賠償などの定めの有無とその内容
・債務者が債務を履行しない場合、その債務の全額を履行する意思などを保証人が有していること

◆根保証契約の場合

・債権者および債務者
・債務の範囲
・根保証契約における極度額、元本確定期日の定めの有無とその内容
・債務者が債務を履行しない場合、極度額の限度において元本確定期日までに生じる

べき債務の元本と利息、違約金、損害賠償、その債務に付随するすべてのものの全額について履行する意思などを保証人が有していること

保証意思宣明公正証書を作成しないで保証契約を結ぶと、その契約は無効になる。事業に関わっていない、主債務者（借り入れた本人）の親戚や友人などが安易に保証人となり、多額の債務を負うのを防ぐのが改正の狙いだ。

一方、主債務者との関連性が強い一定の範囲の個人が保証人になる場合については、保証意思宣明公正証書を作成する必要がない。例えば主債務者が法人で、保証人にその法人の経営者や議決権の過半数を握る大株主などがなるケースや、主債務者が個人事業主で、保証人にその個人事業主の配偶者がなるケースなどだ。保証人が法人の場合も必要ない。

主債務者の財務がわかる

次に②保証人への情報提供の義務を見ていこう。改正民法では「契約締結時の情報の提供義務」「主たる債務の履行状況に関する情報の提供義務」「主たる債務者が期限の利益を喪失した場合における情報の提供義務」の3つが定められている。ここでは保証人が個人か法人か、保証人が情報提供を受けるためのアクションを誰が起こすかという点も重要なので、意識して読んでほしい。

■ **主債務の履行状況の情報は請求が必要**
―保証人への情報提供義務の概要―

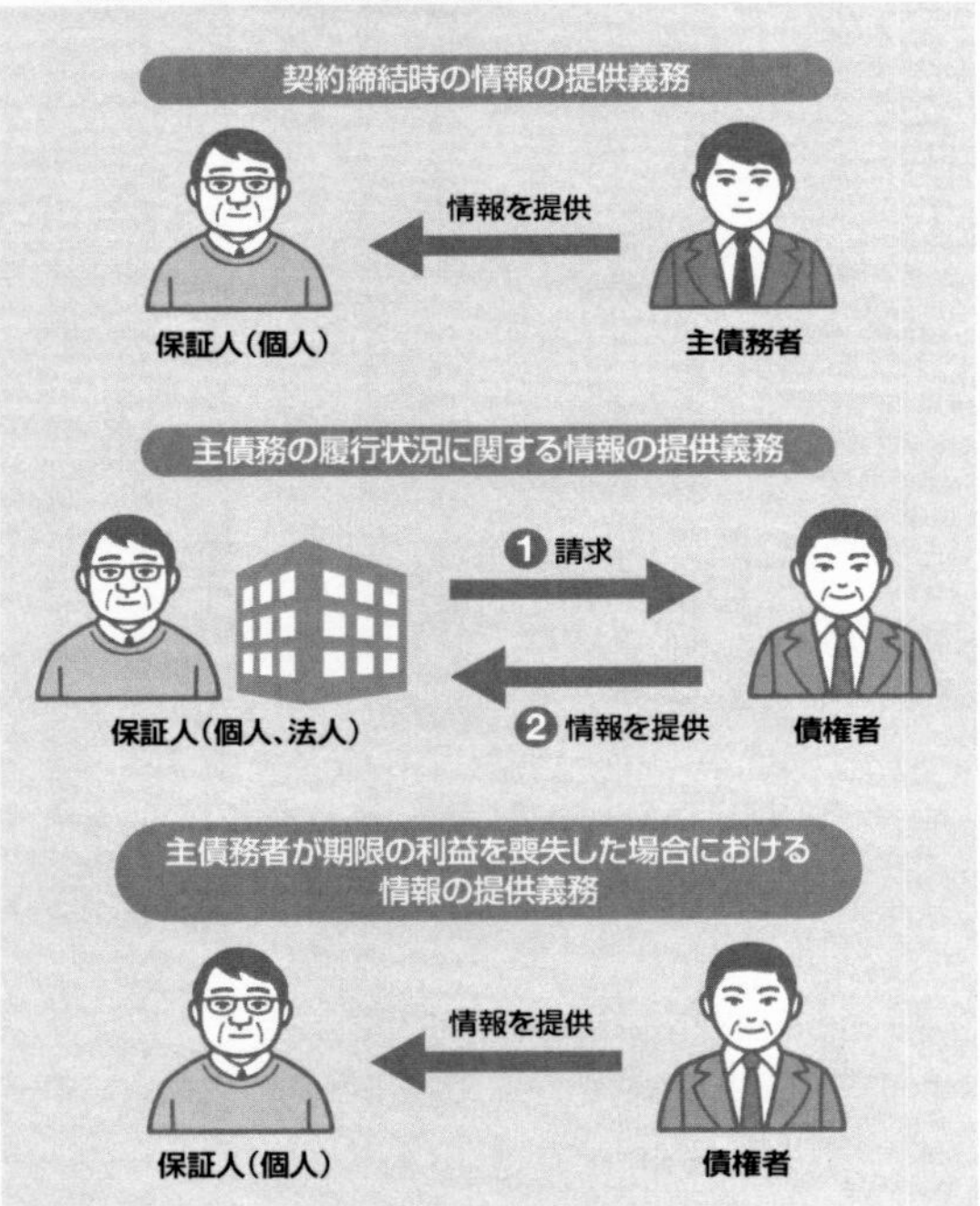

1つ目の「契約締結時の情報の提供義務」（改正民法465条の10）とは、事業用融資の保証契約を結ぶ前に、主債務者は保証人になる個人に対し、保証人になるかどうかの判断に資する情報を提供しなければならないということだ。財産や収支の状況、ほかの債務の状況、担保として提供するものがあるかなどを説明しておく必要がある。

では主債務者が情報を提供しなかったり、事実と異なる情報を提供したりして保証契約を締結したときはどうなるのか。融資をした債権者がそのことを知っていた、または知ることができた場合は、保証人が保証契約を取り消せることがある。

2つ目の「主たる債務の履行状況に関する情報の提供義務」（改正民法458条の2）とは、保証人からの請求があれば、債権者は元本や利息、違約金など主債務に関するすべての情報を提供しなければならないということだ。個人の保証人だけでなく、法人の保証人も請求できる。

この定めができたことにより、保証人の知らないところで保証債務が膨らむという状況を回避できる可能性が高まった。ただし保証人が債権者に対し、情報を請求する必要がある点に注意しよう。

期限の利益の喪失を通知

3つ目の「主たる債務者が期限の利益を喪失した場合における情報の提供義務」（改正民法458条の3）は、主債務者が期限の利益を喪失した場合、債権者はそれを知った時から2カ月以内に保証人に通知しなければならないという内容だ。保証人が個人の場合に限られる。

「**期限の利益**」という言葉は、一般的には聞き慣れないかもしれない。わかりやすくするために、借主Aが貸主Bから1000万円を借り入れ、月額10万円ずつ返済するという契約を結んだケースを考えてみよう。

借主Aは1000万円を一括ですぐに返済する必要はない。最終的に100カ月後までに返済すればよく、貸主Bは支払期限が到来する前に債務の支払いを請求することができない。このように借主Aが返済までの間に期限を猶予されることを期限の利益という。

期限の利益を設けた契約の場合、一定回数または一定額の債務不履行が発生すると残額を一括で直ちに支払う、という条項を設けることが多い。このような条項は「期限の利益の喪失条項」と呼ばれる。そして残額の一括返済を求められる状態になることを、「期限の利益を喪失した」という。

主債務者が期限の利益を喪失すると、遅延損害金の額が大きく膨らむ。早期に支払わないと保証人として多額の支払いを求められることになりかねない。

「主たる債務者が期限の利益を喪失した場合における情報の提供義務」が設けられたことにより、保証人は自らアクションを起こさなくても、主債務者が期限の利益を失ったという情報を債権者から得ることができるようになる。

主債務者の期限の利益の喪失を知ってから2カ月以内に債権者が通知しなかった場合、債権者は期限の利益の喪失から実際の通知までの間の遅延損害金を保証人に請求できなくなる。

以上のように、改正民法によって保証人は、公正証書による厳格な保証意思などの確認、主債務に関する情報の集約という形で保護されることとなる。とくに保証意思宣明公正証書の作成については、時間、費用（作成手数料は1件1万1000円の予定）、労力がかかる。そのため、今後は債権者が個人を保証人にすることを避けるようになり、事業用融資の個人保証人は一層、減ると予想される。

〔ポイント〕
①保証人が個人の場合、公正証書がないと無効
②主債務者は融資前に保証人へ丁寧な説明を
③債務の履行状況情報は債権者に請求して入手

ここからは実際に起こると想定されるケースを見ていこう。

【ケーススタディー①】保証意思宣明公正証書

古くなった自宅を解体して、新しい自宅と賃貸住宅の併用アパートを建築する計画を立てている。資金は金融機関から借り入れ、知人に連帯保証人になってもらおうと考えている。知人に保証意思宣明公正証書を作成してもらう必要はあるのか。

自宅と賃貸住宅の併用ということであるが、賃貸住宅の運営は不動産収入を得る事業といえる。

改正民法465条の6は、融資の一部が事業用である場合にも適用される。そのため連帯保証契約を締結する際には、知人に保証意思宣明公正証書を作成してもらわなければならない。

【ケーススタディー②】契約締結時の情報提供

事業用融資の契約に先立って主債務者が行った保証人への財産状況の説明に誤りがあった。しかしながら保証人は主債務者の保証を以前もしたことがあり、主債務者の財産状況を把握していたので、その情報に基づき、債権者との間で保証契約を結んだ。この場合、保証人は「債権者が主債務者による虚偽の情報提供を知ることができた」として、保証契約を取り消すことができるのか。

改正民法465条の10は条文の規定上、主債務者が財産状況に関する情報を提供しなかった、または事実と異なる情報を提供したという事実と保証契約の締結との間に因果関係を求めている。

例えば、主債務者が保証人に対して、実際には収支が赤字であるにもかかわらず、黒字であると説明したとしよう。保証人がそのことを信じて債権者との間で保証契約をしたという場合は、主債務者の情報提供の状況と保証契約の締結との間に因果関係が認められると思われる。

質問の状況を見てみると、主債務者の情報提供の状況を信じて保証契約を結んだわけではなく、因果関係は認められない。よって保証人は保証契約の取り消しを主張することができない。

【ケーススタディー③】履行状況の情報提供
改正民法458条の2では、保証人から請求を受けた際、債権者は遅滞なく主債務の履行状況などの情報を提供しなければならないとされている。賃貸アパートの個人オーナー（債権者）が賃借人（主債務者）の保証人から請求を受けた場合であっても、情報を提供しなければならないのか。

条文では債権者の属性、債権者の業種について限定していない。そのため法人や金融機関でなくても、債権者であれば情報提供の義務を負うこととなる。

つまりこのケースの個人オーナーも、賃借人の保証人（法人、個人は問わない）から請求を受ければ、賃借人の債務の履行状況などについて情報を提供しなければならない。

【ケーススタディー④】期限の利益喪失の情報提供

債権者が主債務者の期限の利益の喪失を知らなかったため、期限の利益を喪失した日から2カ月以内に、保証人にその事実を通知できなかった。このような場合においても、債権者は保証人に対して、主債務者の期限の利益の喪失から通知までの間の遅延損害金を請求できないのか。

改正民法458条の3は、債権者が、主債務者の期限の利益の喪失を知った時から2カ月以内に通知することを要求している。債権者が主債務者の期限の利益の喪失を知らなかった場合でも、喪失を知った時から2カ月以内に通知すれば、遅延損害金を請求できる。
ただし、債権者は一般的に主債務者の履行状況や契約内容を把握しているはずだ。客観的な期限の利益の喪失時期と、債権者が期限の利益の喪失を知ったときがずれることはそう多くないと思われるが、注意はしておきたい。

阿部栄一郎（あべ・えいいちろう）
2004年早稲田大学法学部卒業、06年千葉大学専門法務研究科（法科大学院）修了。07年弁護士登録後、都内法律事務所を経て、10年丸の内ソレイユ法律事務所入所。

【配偶者居住権】2次相続時に節税のメリットも

税理士　ファイナンシャルプランナー・福田真弓

改正民法の影響は相続にも及ぶ。4月1日以後に発生する相続や書かれる遺言で利用できるのが「**配偶者居住権**」制度だ。

夫の遺産の相続時、従来は法定相続分との兼ね合いから、妻が自宅を相続できない、あるいは自宅を相続した場合に預貯金などの金融資産を十分に相続できず、老後資金が不足する、といった問題があった。新制度では自宅の権利を、妻が死ぬまで自宅を使い続けられる権利である配偶者居住権（建物の利用権）とそれに基づく敷地利用権、建物と土地の所有権（処分できる権利）に分け、配偶者居住権と敷地利用権を妻が、建物と土地の所有権を子などが相続できる。

相続人が妻と子1人で、夫の遺産1億円（自宅5000万円＋預貯金5000万円）を法定相続分で半々に分けるケースを考えてみよう。妻が自宅を相続するなら金融資産は1円も相続できない。しかし、配偶者居住権＋敷地利用権を設定しその合計価値が2000万円なら、差額の3000万円分は預貯金も相続できる。なお、自宅全体の価値は配偶者居住権を設定してもしなくても変わらない。相続税の計算上、建物は固定資産税評価額、土地は路線価方式または倍率方式で評価する。

■ 自宅に住み続けられてほかの財産も多く取得
―配偶者居住権の概要―

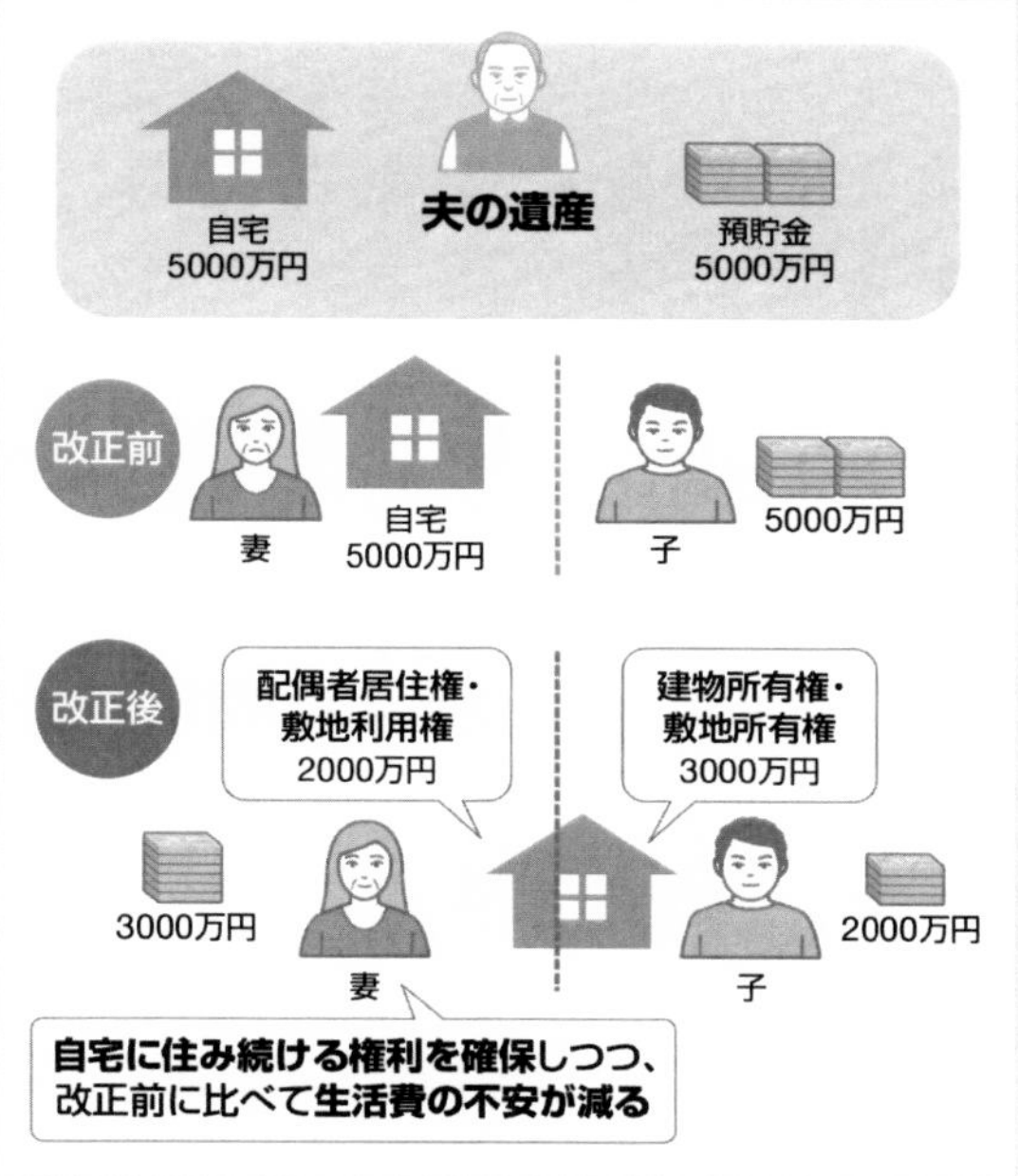

生前同居の必要はなし

子が相続する所有権の価値は、妻の平均余命などにより決まる。子が配偶者居住権(以下、敷地利用権も含む)のない完全な所有権を手にできるのは妻の死後なので、夫死亡時の妻の平均余命から推測し、所有権の価値を算出する。自宅全体の価値から、算出した所有権の価値を差し引いた残りが、配偶者居住権の価値となる。生前から建物の一部を店舗や貸家などに使っていた場合、配偶者居住権にはそれらを使う権利も含まれる。

配偶者居住権の存続期間は原則、妻が死ぬまでだが、それより短く設定してもよい。住める期間が平均余命より短くなれば、配偶者居住権の価値が低くなり、妻はその分ほかの財産を多く手にできる。

夫の死亡時に夫婦が同居している必要はない。夫が老人ホームに入居中など妻と別居していた場合も適用できる。ただし、建物の名義に夫婦以外の人(子など)が入っている場合は適用できない。その場合は生前に持ち分の売買や贈与を行い、共有状態を解消しておく必要がある。

配偶者居住権は夫が遺言に書くか、相続人同士の「**遺産分割協議**」で設定できる。注意すべき点は、遺言には「遺贈する」と書き、「相続させる」とは書かないこと。妻が配偶者居住権を取得したくないとき、遺贈なら配偶者居住権だけを放棄できる。だが相続の場合は、配偶者居住権だけの放棄はできず、ほかの遺産も含めて相続するか、相続そのものを放棄するかしか選べない可能性があるからだ。

また所有権が売却されても妻が住み続けられるように、配偶者居住権は登記しておくべきだ。登記の手続きが円滑に進むよう、遺言には遺言執行者も指定しておこう。


配偶者居住権には、相続税の節税に使えるメリットがある。妻が亡くなるか期間が満了すれば、配偶者居住権は消える。子は自宅を自由に使えるようになるが、その利益に相続税や贈与税は課されない。妻の権利が消えただけで、子が相続や贈与を受けたわけではないからだ。

■ 2次相続時に配偶者居住権と敷地利用権が消滅
—配偶者居住権を使った節税の例—

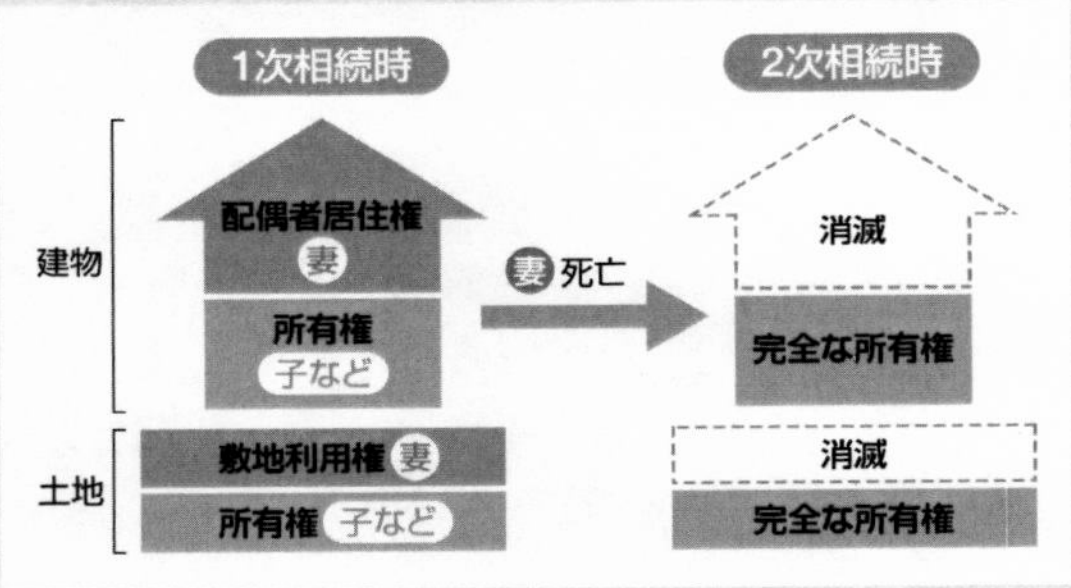

例示のケースでいえば、配偶者居住権＋敷地利用権2000万円部分には配偶者の税額軽減の特例が使え、その枠内なら妻に相続税の負担は生じない。一方、子が相続する所有権の3000万円部分は相続税の対象になるが、子が両親と同居していたなら敷地所有権には小規模宅地等の特例が使え、一定面積まで評価額が8割引きになる。つまり子は、父の相続時に少ない相続税を払うだけで（母の相続時には相続税を払うことなく）自宅全体を手に入れられる。

ただし、妻の生前や期間の満了前に、配偶者居住権の放棄などによって権利を消滅させ、子が妻にその価値分の金銭を支払わない場合、子に贈与税が課されるので気をつけたい。

配偶者居住権を利用して、相続トラブルを回避する手段もある。

長男が両親と同居し、介護を担っていたとする。夫が妻に配偶者居住権を、長男に所有権を残す内容の遺言を作って相続させれば、妻死亡時に配偶者居住権は消える。消えた配偶者居住権は、妻の相続時に長男の特別受益として遺産に足し戻す必要がなく、長男はほかのきょうだいより配偶者居住権の分だけ多く財産をもらえる。

再婚した夫婦に子がいない場合、夫が妻に配偶者居住権を、前妻との子や自分のきょうだいに所有権を残すと遺言に書けば、最終的に妻の血縁ではなく自分の血縁に自宅を残せる。自分の次の相続で自宅を相続する人を、実質的に決めておける効果があるのだ。

配偶者居住権は譲渡不可

ただし、配偶者居住権は妻にとって安心できる制度とはいいがたい。自宅そのものを相続した場合に比べ、妻の状況変化への柔軟な対応が難しいからだ。

配偶者居住権は譲渡できない。例えば、介護が必要になった妻が老人ホームに入居する場合、配偶者居住権を売却して資金を捻出することはできない（配偶者居住権を放棄し、子からその価値分の金銭を受け取ることは可能）。賃貸には出せるが、所有権を持つ子の承諾がいる。自宅の増改築にも子の承諾が必要で、どちらが費用を負担するかという問題が残る。

また配偶者居住権の価値は、夫が死亡した時点の妻の年齢で決まる。それは夫の遺言作成時にはわからない。夫が早く死亡し、配偶者居住権の価値が想定より高くなれば、子の遺留分（最低限の遺産取得分）を侵害し、子から金銭を請求されるおそれがある。つまり子が法定相続分や遺留分を主張するような紛争性の高い相続では、配偶者居住権を使いにくい。

配偶者居住権を活用するかどうかは、家庭の事情も熟慮したうえで判断したほうが賢明だ。

福田真弓（ふくだ・まゆみ）
専門は相続と財産の管理承継。税理士法人タクトコンサルティング、野村証券などを経て独立。テレビなどメディア出演多数。著書に『自分でできる相続税申告』（自由国民社）など。

【遺言書保管】自筆証書遺言に潜むリスク

相続を「争続」にしないための手立てとして重宝する遺言書。遺言者が自書・押印する「自筆証書遺言」と、公証人の関与の下で作成する「公正証書遺言」に大別される。民法改正の影響を受けるのは前者の自筆証書遺言だ。法務局が自筆証書遺言を保管する制度が、2020年7月10日から始まった。

「自筆証書遺言は自宅で保管されることが多い。紛失や亡失の可能性があり、遺言書の有無がわからないこともある。悪意のある相続人により遺言書が廃棄、隠匿、改ざんされるリスクもある。法務局に預ければ、そうしたトラブルを回避できる」。相続診断士でファイナンシャルプランナーの大竹麻佐子氏はそう話す。

自筆証書遺言の作成者は、遺言者の住所地もしくは本籍地、所有不動産の所在地を管轄する遺言書保管所（法相の指定する法務局）の遺言書保管官（法務局の事務官）に対して遺言書の保管を申請する。代理は認められず、遺言者本人が法務局に足を運んで手続きをしないといけない。無封状態の遺言書原本と本人確認書類、保管申請書を持参する。その際法務局は、法務省令で定める様式を満たすかを外形的にチェックする。

「細かい中身までは見ないだろうと考えられる。法務省が保管を受け付けたからといって、その遺言書が有効であるとも限らない。誤字や脱字があったり、相続人の氏名を書かないといけないのに『長男』だけで済ませているなど、様式不備があると無効になる。記載の誤りや漏れがないか、遺言者自身が入念に確認すべきだ」（大竹氏）

法務局は審査後、遺言書を画像データ化し、原本を保管する。これ以降、遺言書の原本や画像を閲覧できるのは遺言者本人のみ。保管の申請はいつでも撤回できる。

相続人は法務局で確認

遺言者が亡くなった後、相続人は遺言書を見つける必要が出てくる。「遺言者の自宅を探すだけでなく、保管制度の開始以降は、法務局にも遺言の有無を確認したほうがいい」と話すのは、行政書士法人優総合事務所代表の東優氏。

相続人は全国の遺言書保管所において、遺言書が保管されているかを調べたり（遺言書保管事実証明書の交付請求）、遺言書の写し（遺言書情報証明書）の交付を請求したりすることができる。また遺言書がある遺言書保管所では、原本の閲覧を請求できる。

相続人などが遺言書の写しの交付を受けたり、原本を閲覧したりすると、遺言書保管官はほかの相続人に対しても遺言書が保管されていることを通知する。一部の相続人などによる遺言書の隠匿を避けるのが狙いだ。

保管制度のもう1つのメリットは、家庭裁判所による検認が必要ないことだ。遺言書（公正証書遺言は除く）の保管者や発見した相続人は遺言者の死亡を知った後、遺言書を家庭裁判所に遅滞なく提出し、その検認を請求しなければならない。相続人に対して遺言書の存在と内容を知らせ、偽造や変造を防ぐための手続きだ。

検認を請求するためには、検認申立書や相続人全員の戸籍謄本、遺言者の出生時から死亡時までの戸籍（除籍・改製原戸籍）謄本などが必要になる。法務局で保管すれば、その手間と時間はなくなることが期待される。

ただし、遺言書情報証明書の交付手続きには、「検認の請求と同じように、遺言者の出生から死亡までの戸籍謄本や、相続人全員の戸籍謄本などが必要になるのではないか」（東氏）という見方もある。

公正証書遺言も選択肢

交付請求の手続きには、法定相続情報一覧図の写しや遺言者の出生時から死亡時までのすべての戸籍（除籍）謄本、相続人全員の戸籍謄本などが必要だ。また自筆証書遺言の保管の申請（1件3900円）や閲覧請求（1回1400円～1700円）、遺言書情報証明書の交付請求（1通1400円）や遺言書保管事実証明書の交付請求（1通800円）など手数料を納める必要がある。利用する場合は、法務局などで確認してほしい。

遺言を法的に確実に執行したいなら、公正証書遺言の利用がおすすめだ。公正証書遺言とは、公証人に作成してもらう遺言書のこと。公証人は裁判官や検察官、弁護士などを長年経験した人の中から法相が任命する法律の専門家だ。

遺言者は公証人に遺言の内容を口で伝え、公証人は筆記する。その内容を遺言者と2人の証人に読み聞かせ（または閲覧させ）、遺言者と証人は内容が正確なことを承認したら署名・押印する。そして公証人が、民法の定める方式に従って作成された旨を付記し、署名・押印する。原本は公証役場で保管され、正本と謄本が遺言者に返される。相続開始の際、家庭裁判所の検認が必要ない。

ネックになるのは費用だ。公証役場に支払う手数料の額は、遺言書に書く財産の合計額や財産を配分する人数などを基準に決まる。

例えば、総額1億円の財産を妻に6000万円、長男に4000万円分配する遺言書を作成する場合の手数料は約8万円だ。立ち会う証人を公証役場に準備してもらったり、遺言者が病気や高齢のため公証役場に足を運べず、公証人が自宅や病院などに赴いて作成したりする場合は、さらに費用がかかる。「実務では司法書士や行政書士といった代理人が遺言者の趣旨に沿った原案を作成し、公証人と打ち合わせをすることが多い。その際の費用は合計で20万〜25万円が相場だ」(東氏)。

それぞれのメリット・デメリットをしっかり見極めながら、自分に合った選択をしよう。

(ライター・大正谷成晴)

■法務局が保管する自筆証書遺言は検認不要
―自筆証書遺言と公正証書遺言の違い―

種類	自筆証書遺言	公正証書遺言
作成の流れ	遺言者が、全文、日付、氏名を自書し、押印する。遺言書の別紙として添付される財産目録などは自書でなくてもよい(署名・押印は必要)	1 原案を基に公証人と打ち合わせ、公正証書遺言草案を準備 2 公証人が草案を遺言者と証人(2人)に読み聞かせる 3 遺言者と証人が署名・押印 4 公証人が署名・押印
保管	遺言者の保管 ➡7月から法務局で保管可能に	原本は公証役場で保管 遺言者には正本・謄本を交付
メリット	•手軽に作成できる •遺言の内容を秘密にできる •費用を安く抑えられる	•様式不備で無効になるおそれが少ない •偽造や紛失のおそれがない •家庭裁判所の検認が不要
デメリット	•様式不備で無効になるおそれがある •紛失や偽造、盗難のおそれがある •死後、発見されないことがある •家庭裁判所の検認が必要 ➡法務局保管の場合は検認不要	•公証人手数料などの費用がかかる •証人2人の立ち会いが必要 •内容を公証人と証人に知られる

(出所)優総合事務所

■遺言書保管には遺言者本人が法務局に出向く必要がある
―保管制度の利用の流れ―

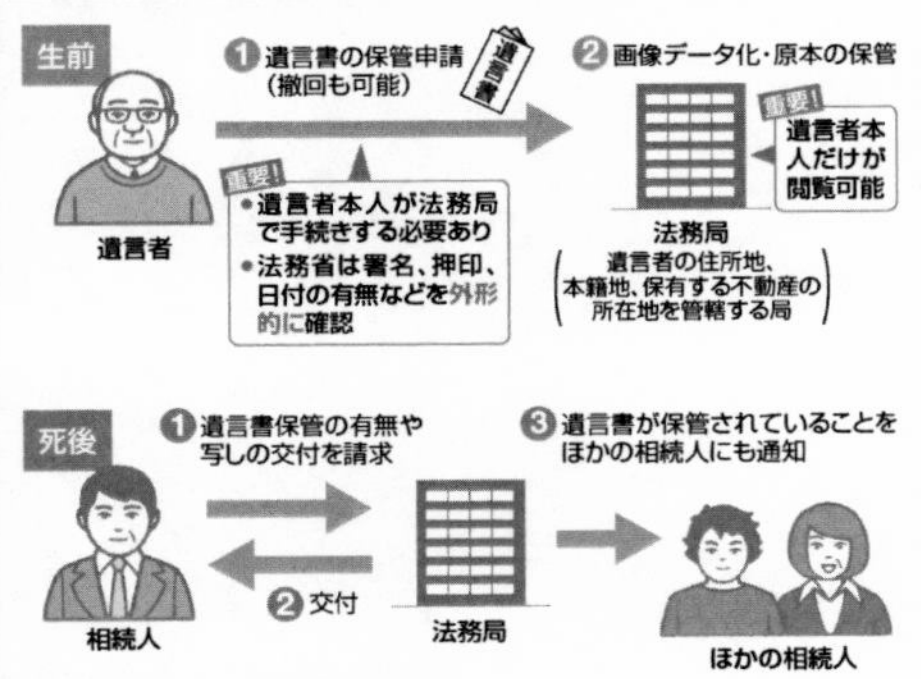

(出所)法務省のパンフレットなどを基に本誌作成

【同一労働同一賃金】非正規の待遇改善を援護

20年4月には民法とともに労働法も改正された。旧安倍内閣が進めた働き方改革の一環で、正社員と非正規社員との不合理な待遇差の解消を目指す「同一労働同一賃金」が大企業向けに実施。19年4月に大企業で導入された「時間外労働の上限規制」は、20年4月からは中小企業でも導入された。まずは同一労働同一賃金で変わるビジネスの現場からリポートする。

【運輸】待遇改善の訴訟続く　人材定着のため対応

「非正規差別NO!」。そう書かれた横断幕を掲げた5人が東京地方裁判所へと向かった。2020年2月14日、日本郵便に勤務する計57人の非正規社員が同社を相手取り、集団訴訟を起こしたのだ。

日本郵便は19万人以上の非正規社員（全従業員の約5割）を雇用する。郵便物などを仕分ける作業員の約7～8割、配送員の約半分を非正規社員が占め、郵便物の減少で1万人削減が報じられるなど、人件費が重荷となっている。

郵政産業労働者ユニオン（郵政ユニオン）の日巻直映（ひまきなおや）中央執行委員長によると、非正規社員が担う仕分けや配送、クレーム対応や事故処理などの業務は正社員と同一。だが住居手当や特別休暇などで、待遇差があるという。「同じ業務内容なのに、賞与も正社員の3分の1程度と差がある」（日巻氏）。

同社の非正規社員は過去にも待遇改善を訴えてきた。14年には5人の非正規社員が、手当や休暇の待遇差が違法として東京地裁に提訴。現在は最高裁判所で係争中だ。20年2月には前出の東京地裁を含み、全国で計154人の非正規社員が7つの地裁で同社を提訴した。

日本郵便の人事制度は持ち株会社の日本郵政グループが管轄する。同グループは

18年から1日当たり4000円の年始勤務手当を非正規社員にも支給（正社員は5000円）。夏季・冬季特別休暇を1日ずつ（正社員は3日ずつ）付与する。同グループ人事担当者は、「毎年3000人ほど正社員登用もしている」と待遇改善の取り組みを強調する。4月からは無期雇用に転換した非正規社員に扶養手当を支給する。

目下、運輸業界の人材不足は深刻だ。非正規社員の待遇改善はコスト増要因になるが、人材定着のために各社ともに踏み出さざるをえない状況だ。

日本通運では19年3月末に約1万3000人いた非正規社員のうち約3600人を正社員に登用、約2400人の待遇改善を実施した。関連費用として今期末に約48億円の計上を見込む。日立物流も直近1年間で200人強の非正規社員を正社員に登用。賞与や退職金の見直しを進めている。

帝国データバンクの調べによると、同一労働同一賃金の対応状況は業界によってまばらだが、運輸・倉庫業界の対応は進む。「運輸・倉庫業のように仕事内容が明確なところほど対応しやすい」（帝国データバンク担当者）。

■ 業界によって対応はまばら
—同一労働同一賃金への「対応あり」と回答した企業の業界別割合—

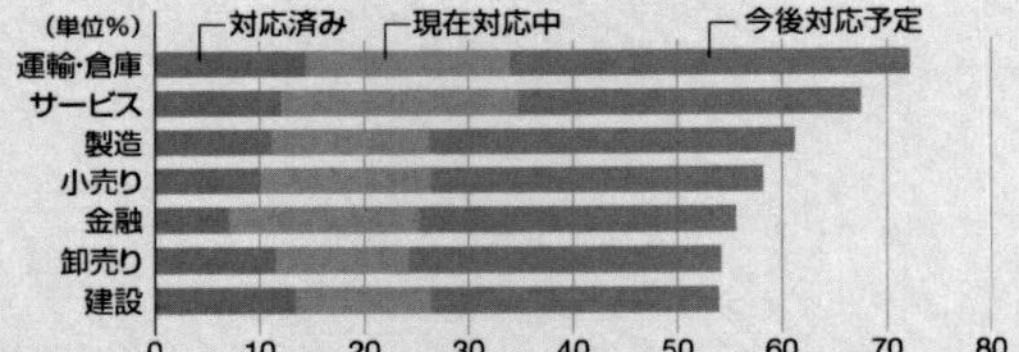

(出所)帝国データバンク「同一労働同一賃金に対する企業の対応状況調査」(2020年2月)から上位の業種を抜粋

【通信】人材難の携帯販売店　進む派遣の正社員化

非正規社員の待遇改善は他業種でも広がる。駅前でよく見かける携帯電話販売代理店。そこにも派遣社員など非正規社員が多く働く。複雑な料金プランを顧客に丁寧に説明してスマートフォンを販売し、通信キャリアが課す販売ノルマをこなす。ハードな業務であるため人材流出は激しい。

代理店の正社員にとっては、非正規のスタッフが入れ替わると、つきっきりで教える必要があり、負担が増える。ある代理店関係者は「同一労働同一賃金の施行を機に、（非正規の）正社員化に一層力を入れる」と話す。

具体的には、派遣期間終了後に正社員に登用する「紹介予定派遣」を増やすという。非正規の入れ替え負担を考慮すると、トータルのコストは抑制できると踏む。

通信業界では大手キャリアでも非正規の待遇改善が進む。ＫＤＤＩは17年以降、非正規社員の通勤手当を正社員の水準に合わせ、妊産婦向けにはラッシュを避けるために通勤時間の緩和拡大などを進めてきた。ＮＴＴグループは20年春の同一労働同一賃金のルール化に合わせ、諸手当や休暇の条件を全雇用形態で統一する予定だ。

【鉄道】仕事の区別を明確化　シニアの待遇改善

正社員と非正規社員との間で仕事の区別を明確化する事例もある。朝のラッシュアワー時に、駅ホームで客をさばく駅員。彼らの中にも非正規のアルバイトがいる。乗客誘導などの業務は正社員と一見変わらないが、「正社員は金銭管理から人身事故対応まで多岐にわたる業務を行い、責任が非正規とはまるで違う」（大手私鉄広報）ため、賃金体系も異なるという。

運転士は昨今、定年退職後に再雇用され、運転業務を続けるケースが見られる。「本線よりも距離が短い支線を運転する、早朝や深夜を避けて運転するなど、正社員の運転士よりも負担を減らしている」（別の大手私鉄幹部）。

人手不足対策として活用が広がるシニア人材の待遇改善は進む。JR東日本は60歳の定年後、グループ会社等へ原則出向させ、5年間再雇用する「エルダー社員制度」を設けるが、18年に制度を変更。出向の形は取るがJR東日本関連の業務範囲を拡大するとともに、定年退職前の5割弱だった年収を6割弱程度に引き上げた。

JR西日本も再雇用の「シニア社員」に7万円のベースアップを実施。JR九州は再雇用社員に対し、職務手当や乗務員手当を正社員と同一の基準で支給し、賞与も正社員と同じ評価基準で支払う。

同一労働同一賃金のルール化により、正社員と非正規社員との待遇差がある場合、企業にはその理由の説明が求められる。人手不足解消の目的を含む待遇改善と、コスト増とのバランスをどうとるかが各社に問われている。

（佃　陸生、奥田　貫、大坂直樹）

【同一労働同一賃金】不合理な待遇差の解消策

弁護士・高仲幸雄

正規と非正規の従業員間で不合理な待遇差を禁じる――。「同一労働同一賃金」といわれるルールが4月から施行された。では労働現場で何が変わるのか。人事担当者はどう対応すべきか。

労務トラブルを防止するために、人事担当者に限らず正社員、非正規社員がともに知っておきたいルール改正のポイントを紹介する。

【Q1】どんな内容に改正されたの?

法改正の主な内容は以下の3つ。①正社員と非正規社員の不合理な待遇差を禁じ、裁判の際に判断基準となる「均衡待遇」と「均等待遇」の規定を整備したこと。②正社員との待遇差の内容と理由について説明義務を創設したこと。③行政による事業主への助言・指導等や行政ADR（裁判外紛争解決手続き）の規定を整備したことだ。

【Q2】「均衡待遇」とはどんなものですか

「均衡待遇」の規制は、正社員（通常の労働者）と非正規社員の待遇差について、①職務内容、②職務内容・配置の変更範囲（人事活用の仕組み）、③その他の事情、という3つの要素を考慮して不合理な待遇差を禁止する制度だ。一切の待遇差が禁止されるわけではなく、①②③の要素からみてバランスが取れているかが問題となる。

【Q3】では、「均等待遇」とはどんなものですか

「均等待遇」の規制は、①職務内容、②職務内容・配置の変更範囲（人事活用の仕組み）が正社員と同一の場合に差別的取り扱いを禁止する制度だ。均衡待遇がバランスを重視するのに対し、均等待遇は「同じ待遇」を求める点に違いがある。

しかし、同一待遇が原則といっても、①②が同一かは雇用期間全体で判断されるため、実務で①②が同一と判断されるケースは少ない。そのため実務的には「均衡待遇」が重要となる。

【Q4】仕事内容が同じなら同額の賃金を支払う必要があるの?

「同一労働同一賃金」という言葉からそうした印象を持つかもしれないが違う。

今回の法改正の目的は、「均衡待遇」と「均等待遇」の規制を強化し、正社員と非正規社員の不合理な待遇差をなくすことだ。企業に「同一の労働に同額の賃金」を支払うことや、仕事内容ごとに賃金を決定する「職務給」を強制しているわけではない。不合理な待遇差としては、賃金以外に休暇や福利厚生施設の利用・教育訓練等も問題となる。

【Q5】判例や行政の指針と今回の法改正とでは何が違いますか?

今回の法改正前にも、均衡待遇・均等待遇に関する規制はあり、判例・裁判例も数多くある。ただ最高裁判所の判決があるのは、現状ではハマキョウレックスと長澤運輸の2つの訴訟しかない。両事件では待遇ごとに不合理性が判断されており、この判断方法は改正法でも同じである。

一方、行政の指針としては厚生労働省が「同一労働同一賃金ガイドライン」を出しているが、退職金や家族手当等についての具体的な説明がない。判例・裁判例の分析や同一労働同一賃金ガイドラインの解説は専門書を参照するのが現実的である。

【Q6】法改正で、どんな準備が必要?

非正規社員のうち、自社が雇用する有期雇用労働者とパートタイム労働者には2020年4月1日からパートタイム・有期雇用労働法（パート・有期法）が施行された（中小企業は2021年4月1日適用）。

企業が準備すべきことは、①正社員との待遇差を整理した表（待遇差の整理表）の作成、②その整理表に定年後の再雇用者や地域限定正社員等も盛り込むこと、③改正法で新設された「待遇差の説明義務」を意識すること、である。

派遣社員については、改正派遣法で新たな待遇決定方式が導入された（2020年4月1日施行・中小企業の特例なし）。そのため派遣先と派遣元との双方で、どう対応するかを確認する必要がある。

【Q7】待遇差の整理表作成時の注意点は？

パート・有期法の待遇に関する規制である均衡待遇（8条）と均等待遇（9条）の規制は、いずれも待遇ごとに問題となる。そのため正社員と非正規社員の待遇差については、各種の手当や休暇に関しても個々の内容や理由を整理する必要がある。整理表作成の際、就業規則や労働協約等の根拠規定と、実際の運用との整合性も併せて確認することが求められる。

【Q8】待遇差の説明義務とはどういうこと？

パート・有期法14条2項には、待遇差の説明義務が新設された。同法施行後に非正規社員から待遇差の説明を求められた企業は、待遇差の内容と理由を説明する義務を負う。説明した内容は裁判で証拠になることを想定すべきだ。
したがって企業は①誰が（どの部署が）、②どんな方法で（口頭か書面か）、③どんな内容を説明するのか等を検討する必要がある。

【Q9】待遇差の説明をどう準備すればいい？

正社員と非正規社員の賞与や退職金、各種休暇については、現状では下級審の判決しかない。ただ最高裁判決が出ていない待遇でも、非正規社員から待遇差の説明を求められることが想定されるため、自社における待遇差の内容・理由を検討しておく必要がある。
地域の求人広告や求人誌から、同業他社における非正規社員の待遇を参照するのも有益だろう。

【Q10】人材派遣会社にはどんな準備が必要？

派遣社員の不合理な待遇差解消に向けては、派遣元（派遣会社）が①派遣先均等・

均衡方式、②労使協定方式のどちらかを選ぶことになる。①では派遣先社員との均衡・均等を図り、②では派遣元で労使協定を結び待遇を決める。①②の違いは、派遣先が派遣元に提供する情報と派遣料金に影響する。

そのため派遣先は（A）派遣元が採用する待遇決定方式の内容、（B）派遣元に提供する待遇情報の内容、（C）派遣元に支払う派遣料金、（D）派遣契約の改定・見直し等を確認する必要がある。

【Q11】非正規社員の雇用で今後留意すべき点は？

正社員との「職務内容」の違いについて、「正社員だけが負う責任」と「非正規社員が担当しない業務」を意識し、規定等で区別を明確にしておくことだ。また正社員と非正規社員の異動の範囲を定め、人材活用の仕組みにどんな違いがあるかも明示する必要がある。

現状の非正規社員用の就業規則や労働契約書に職務内容が無限定と記載されていたり、出向や転籍に関する規定があれば、見直しを検討すべきである。

【Q12】定年退職者を再雇用する場合の注意点は？

定年前からの賃金減額が不合理な待遇差としてもめるケースがある。人事担当者は定年前からの賃金の減額幅を気にするが、明確な減額幅を示すのは困難だ。

裁判では定年後再雇用である点は均衡待遇の判断要素である「その他の事情」として考慮されるが、職務内容や人材登用の仕組みも重視される。したがって再雇用時に賃金減額を行う場合は、「職務内容」や「異動範囲」を定年退職前（正社員時）よりも限定したり、勤務時間・勤務日を変更するなどの対応も併せて検討するとよい。

高仲幸雄（たかなか・ゆきお）

早稲田大学法学部卒業。2003年弁護士登録。中山・男澤法律事務所パートナー。近著に『同一労働同一賃金Q＆A－ガイドライン・判例から読み解く』（経団連出版）。

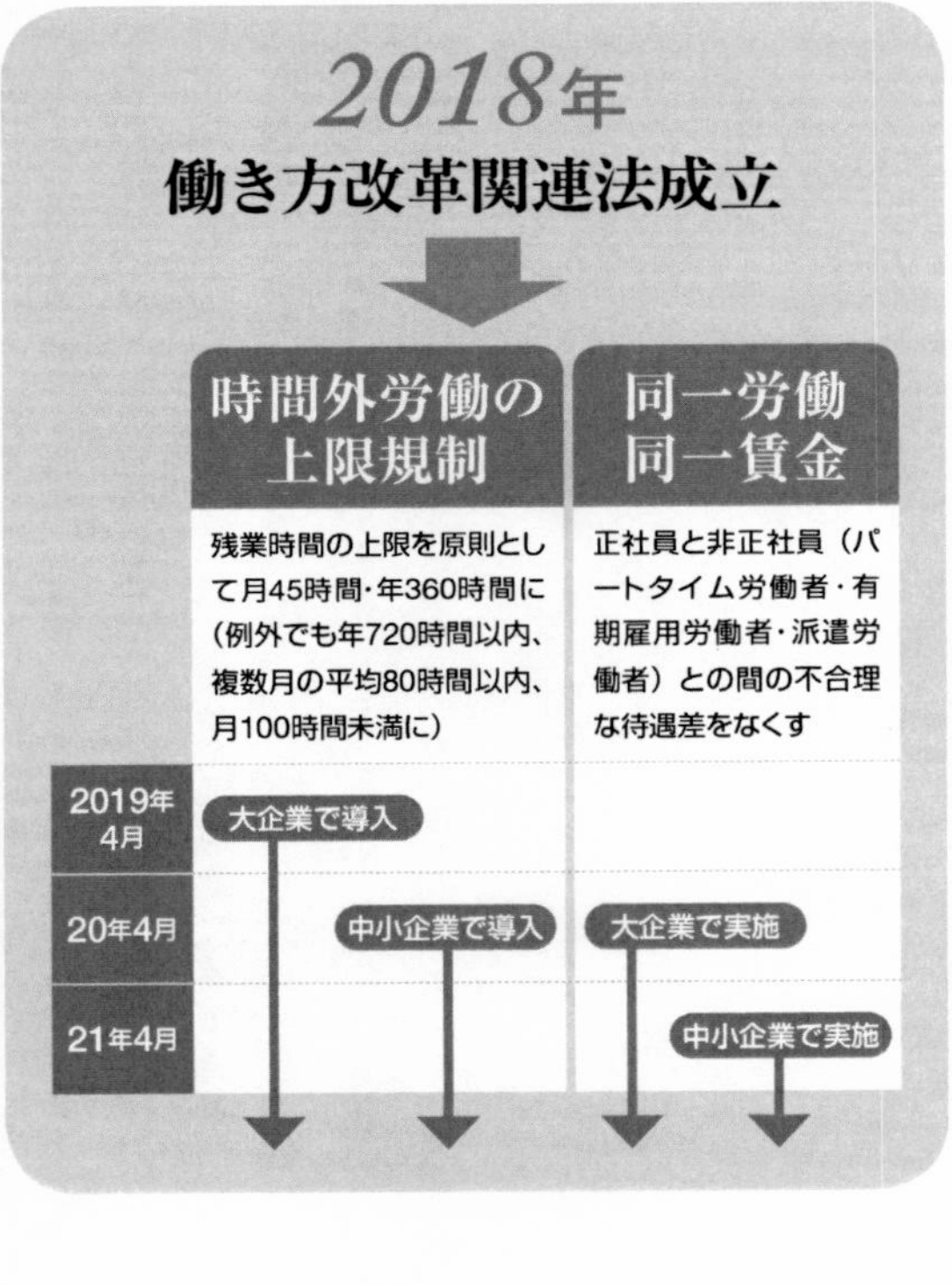
2018年
働き方改革関連法成立
時間外労働の上限規制
残業時間の上限を原則として月45時間・年360時間に（例外でも年720時間以内、複数月の平均80時間以内、月100時間未満に）
同一労働同一賃金
正社員と非正社員（パートタイム労働者・有期雇用労働者・派遣労働者）との間の不合理な待遇差をなくす
2019年4月
大企業で導入
20年4月
中小企業で導入
大企業で実施
21年4月
中小企業で実施

大企業に続き中小も導入

【時間外労働の上限規制】なお高い「残業抑制の壁」

人事ジャーナリスト・溝上憲文

20年1月中旬の夜、働き方改革の先例としてメディアでもたびたび取り上げられる大手メーカーのグループ企業の一室で、3人の社員が〝残業〟していた。残業にもかかわらず、なぜか稼働しているパソコンは1台だけ。その理由を社員の1人はこう語る。

「親会社の方針では原則19時に退社する必要があるが、申請すれば残業が一部認められる。ただし、ログイン・ログオフで労働時間が厳格に管理される。どうしても仕上げなければならない仕事があったので同僚と相談し、1人が残業申請し、1台のパソコンを3人で使うことにした」

つまり、パソコンの稼働を1台に絞ることで、実態は3人での残業を1人に見せかけたのだ。

19年4月、改正労働基準法第36条が施行され、時間外労働の罰則付き上限規制が大手企業に導入された。もともと1日8時間、1週40時間の法定労働時間を超えて働かせる場合、企業は従業員と労使協定(36(サブロク)協定)を締結し、労働基準監督署に届け出る必要があった。

それが19年の改正法施行で、残業時間の上限が原則として月45時間、年360時間となり、例外でも制限が設けられた。1つでもクリアできなければ法違反となる。その上限規制が、4月から中小企業にも導入される。

■ **中小企業でも原則月45時間が上限に**

—時間外労働の上限規制の内容—

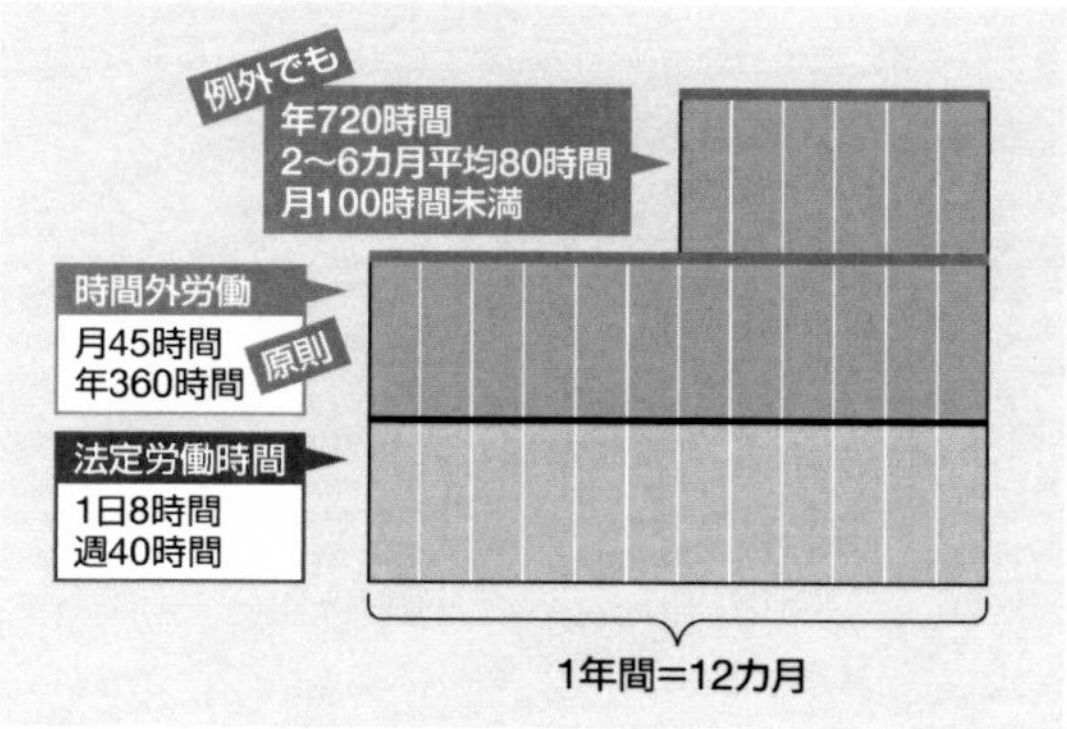

「対応済み」の落とし穴

先んじて導入された大企業では、すでに冒頭のようなほころびが見え始めている。多くの大企業では、上限規制対策として、上記の法定時間を組み込んだ勤怠管理システムを導入した。それにより①残業時間の実態を把握し、自社の限度時間を設定、②退社・退館時間を設定し残業申請を厳格化、③月の上限に近づいた社員や上司にシステムを通じてアラーム（警告）を発信、④毎月の役員会に部門別・個人別の残業時間を報告し、指導する——といった手法を取り入れた。これをもって「対応済み」と答える企業も多い。ただし、この仕組みには落とし穴がある。

ここでいう残業時間の把握には、主にＩＤカードによる入館・退館時間の記録、パソコンのログイン・ログオフの記録、自己申告の3つの手法がある。多いのは、パソコン上で始業・終業時間を打刻させる自己申告方式だ。入・退館やログイン・ログオフの記録という自己申告以外の方法は、仕事していない時間も含まれて残業代が高くつくため、あくまで監視ツールとして利用される場合が多い。それでも冒頭の事例のようにサービス残業の見逃しリスクが発生する。

企業は時間管理の精度を上げるため、ほかにもあらゆる施策を講じている。食品加工メーカーの人事担当役員は、〝残業常習者〟の撲滅と管理職への指導強化を実施しているという。

「1つはアラームの頻度が多い社員を強制退社させたり、別の人間に交代させたりする〝もぐらたたき〟を継続すること、入館カードの記録を見て、在社時間と申告時間の誤差をチェックし、早期退社を促すこともある。もう1つはサービス残業をしている社員が1人でも発覚したら、業務命令違反で上司を処罰すること。ただし、部署の中には顧客との取引で残業せざるをえない部署もある。部署や支店単位でごまかされたら把握するのは難しい」

危機的な中小企業の対策

大企業が防御策を講じても、このように残業抑制に高い壁がそびえる中、4月に導入直前の中小企業の対策は危機的状態にある。

全国商工会連合会の調査によると、約2割の企業が上限規制の内容、施行時期ともに「知らない」と答えた。上限規制への対応でも「対応済み」は5割強にすぎない。対応済みといっても、「勤怠管理の導入や労使協定、就業規則の届け出など、外形的整備にとどまるところが少なくない」（都内の社会保険労務士）との指摘もある。

驚くのは36協定を締結していない企業が4割もあることだ。協定を締結しなければ、そもそも残業自体が許されない。製造業の産業別労働組合の幹部は、「さすがに労組がある企業は結んでいるが、結んでいない中小企業の経営者の中には『5時以降は社員をアルバイトとして雇っている』とか『結んでいないから残業代を払わなくてもいい』などと平気で言う人がいる」と話す。

もちろん上限規制に前向きに取り組む中小企業もある。ある飲食チェーンは1年前から勤怠システムを導入し、残業時間の上限をスタッフ30時間、店長50時間に設定するなど準備を進めてきた。同社の人事部長は「いちばん不安なのが店長。店に出なくてよい時間帯でも、トラブルがないかと気になって出ている店長もいる。急にシフトの穴が開き、フォローに回ることもある。隠れ残業が発生しないか心配」と不安を隠さない。

中小企業は人手不足も深刻で、何から手をつけるべきか途方に暮れる経営者も少なくない。採用・人事コンサルティング会社、モザイクワークの高橋実ＣＯＯは「社員１００人以下の経営者は、日常業務に忙殺されて残業対策まで手が回らないのが実情」と語る。

「それでも法律を守るために勤怠システムを導入し、上限を超える社員一人ひとりを指導することになる。仕事が回らないと悲鳴を上げることになるため、コツコツと改善するしかない」と指摘する。

無理に残業時間を減らすだけでは、法違反者の発生は免れない。その防止には人手を投入するしかないが、それができないなら業務の省力化を含めた事業のあり方を地道に改善していくほかに道はない。中小企業に限らず、企業全体に問われている課題である。

溝上憲文（みぞうえ・のりふみ）
1958年生まれ。明治大学卒業。人事・雇用・賃金問題を中心に執筆。著書に『非情の常時リストラ』『人事評価の裏ルール』『人事部はここを見ている！』ほか。

■ 約２割の中小企業が施行自体を「知らない」
—時間外労働の上限規制の認知状況—

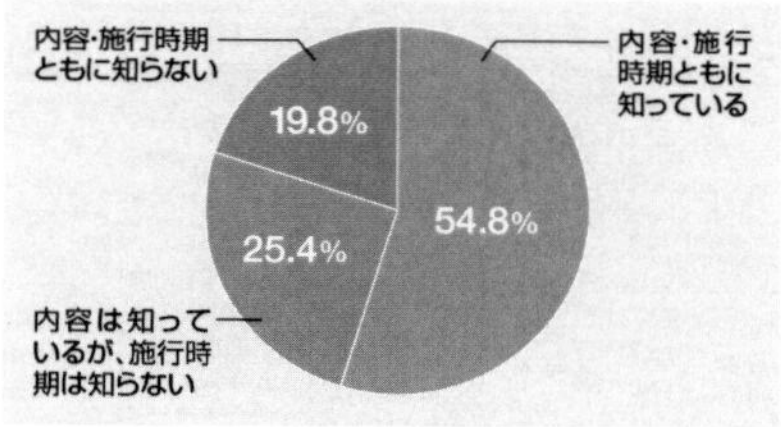

■ 対応できていない中小企業は約１割
—時間外労働の上限規制への対応状況—

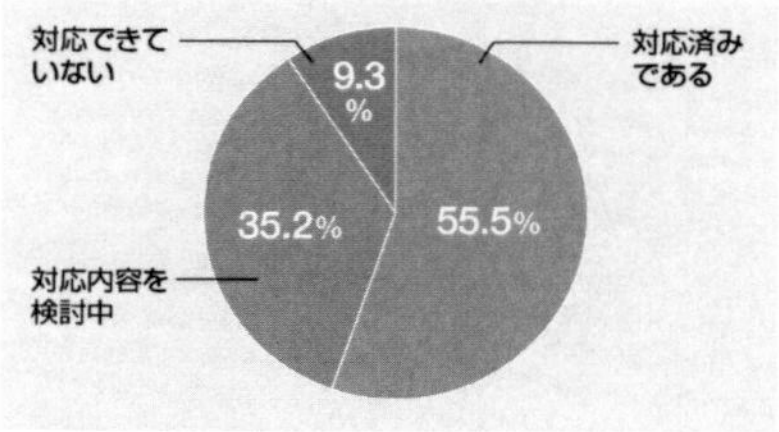

■ ４割が36協定を締結せず
—中小企業の36協定締結の有無—

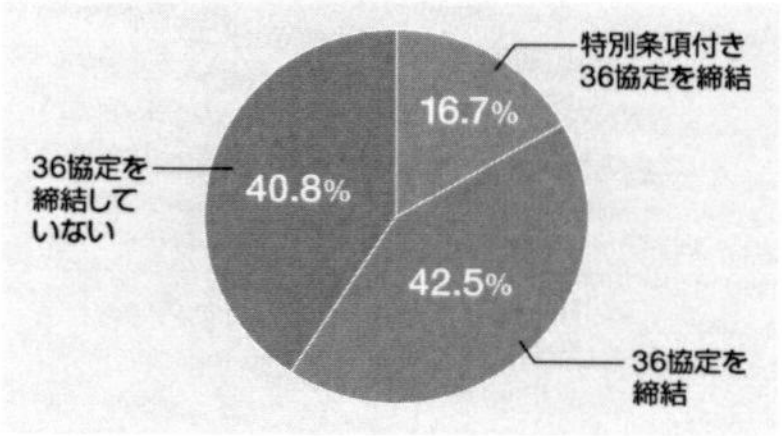

本書は、東洋経済新報社『週刊東洋経済』2020年4月4日号より抜粋、加筆修正のうえ制作しています。この記事が完全収録された底本をはじめ、雑誌バックナンバーは小社ホームページからもお求めいただけます。

小社では、『週刊東洋経済eビジネス新書』シリーズをはじめ、このほかにも多数の電子書籍ラインナップをそろえております。ぜひストアにて「**東洋経済**」で**検索**してみてください。

『週刊東洋経済eビジネス新書』シリーズ

No.318　ソニーに学べ
No.319　老後資金の設計書
No.320　子ども本位の中高一貫校選び
No.321　定年後も稼ぐ力
No.322　ハワイvs.沖縄　リゾートの条件

No.323　相続の最新ルール
No.324　お墓とお寺のイロハ
No.325　マネー殺到！　期待のベンチャー
No.326　かんぽの闇　保険・投信の落とし穴
No.327　中国　危うい超大国
No.328　子どもの命を守る
No.329　読解力を鍛える
No.330　決算書&ファイナンス入門
No.331　介護大全
No.332　ビジネスに効く健康法
No.333　新幹線　vs.　エアライン
No.334　日本史における天皇
No.335　ＥＣ覇権バトル
No.336　検証！　ＮＨＫの正体

No.337　強い理系大学
No.338　世界史&宗教のツボ
No.339　MARCH大解剖
No.340　病院が壊れる
No.341　就職氷河期を救え！
No.342　衝撃！　住めない街
No.343　クスリの罠・医療の闇
No.344　船・港　海の経済学
No.345　資産運用マニュアル
No.346　マンションのリアル
No.347　三菱今昔　150年目の名門財閥

週刊東洋経済eビジネス新書 No.348
民法&労働法 大改正

【本誌（底本）】
編集局　堀川美行、中島順一郎、許斐健太
デザイン　池田 梢
進行管理　三隅多香子
発行日　2020年4月4日

【電子版】
編集制作　塚田由紀夫、長谷川 隆
デザイン　市川和代
制作協力　丸井工文社
発行日　2020年11月16日 Ver.1

発行所　〒103-8345
東京都中央区日本橋本石町1-2-1
東洋経済新報社
電話　東洋経済コールセンター
03（6386）1040
https://toyokeizai.net/
発行人　駒橋憲一

電子書籍化に際しては、仕様上の都合などにより適宜編集を加えています。登場人物に関する情報、価格、為替レートなどは、特に記載のない限り底本編集当時のものです。一部の漢字を簡易慣用字体やかなで表記している場合があります。本書は縦書きでレイアウトしています。ご覧になる機種により表示に差が生じることがあります。

※本刊行物は、電子書籍版に基づいてプリントオンデマンド版として作成されたものです。